AF245442

CHAMBRES DE COMMERCE DE ROUEN ET DES VOSGES

MISSION DE MADAGASCAR

RAPPORTS DE M. Henri MAGER

DEUXIÈME PARTIE

I°

TANANARIVE, L'IMERINA

II°

VAKIN-ANKARATRA

III°

MANANJARY, ZONE ANTAMBAHOAKA, TANALA ET BETSILEO

ROUEN

ANCIENNE IMPRIMERIE LAPIERRE

1, RUE SAINT-ÉTIENNE-DES-TONNELIERS, 1

1897

RAPPORT SOMMAIRE

COMMERCE DE TANANARIVE

Et de l'Imerina

Mananjary, 1er Février 1897.

Messieurs,

Dans les deux mois qui ont suivi la rédaction de mon premier rapport de Mission sur le **Commerce général de Madagascar** *et sur la Situation particulière du* **Port de Tamatave,** *j'ai étudié la* **Situation commerciale de Tananarive et de l'Imérina.**

Cette étude était difficile et délicate. Je ne pouvais trouver à Tananarive, au centre des plateaux, des archives douanières, comme à Tamatave, me permettant de constater, par un dépouillement long, mais précis, la nature des marchandises importées, leur quantité et leur valeur.

Pour me rendre un compte exact des marchandises qui conviennent à la zone centrale de l'île, à ses populations indigènes, comme aux Français, j'ai porté mon enquête d'une part sur les marchés, notamment sur le marché qui se tient chaque vendredi (zoma) à Tananarive, d'autre part vers les magasins européens et asiatiques.

Je noterai mes constatations, dans ce rapport comme dans les suivants, en observant la classification par commerce que j'ai adoptée dans mon premier rapport; toutes mes notes successives s'enchaîneront mieux de la sorte et se compléteront l'une l'autre avec méthode et clarté.

HENRI **MAGER.**

ORDRE DES RENSEIGNEMENTS

RAPPORT SOMMAIRE

SUR LE

COMMERCE DE TANANARIVE ET DE L'IMERINA

Routes vers Tananarive.

Trois routes — que j'ai décrites dans mon premier rapport — convergent vers Tananarive : celle de Tamatave par Andevoranto, celle de Vatomandry, celle de Majunga.

La route de Tamatave longe la côte entre Tamatave et Andevoranto sur 95 ou 100 kilomètres : dans cette première section la voie terrestre sera bientôt doublée d'une voie lacustre, dès que les isthmes (Pangalana), qui séparent les lagunes, seront percés ; la voie de mer peut aussi être suivie : les goëlettes, qui vont de Tamatave à Andevoranto, s'arrêtent en rade foraine, près de la barre, et sont déchargées sur de grands chalands pontés, qui entrent les marchandises à l'intérieur de la rivière ; au-delà d'Andevoranto, sur près de 15 kilomètres, la route emprunte le cours de l'Iharoka : les pirogues ne vont plus jusqu'à Maromby depuis fin octobre 1896 ; elles atterrissent un peu en deçà, à Mahatsara, chétif village où commence la route terrestre.

J'avais prévu que la route muletière, tentée par le Génie, ne résisterait pas aux pluies de l'hivernage ; les premières pluies de novembre ont défoncé la route dans la zone des forêts. Il n'en pouvait être autrement ; une route en terre est fatalement crevassée, effondrée, entraînée par les déluges quotidiens qui caractérisent la mauvaise saison. Il faut dans ce pays des routes solides et résistantes. On a dit que la construction d'une voie ferrée ne reviendrait guère plus cher dans ces conditions que la construction d'une route : je n'y contredirai pas.

Il faut sans tarder résoudre la question du chemin de fer, et même des chemins de fer. La première ligne qui s'impose est une ligne de la côte-est à Tananarive.

D'autres lignes de pénétration sont nécessaires : l'une montera de la côte-nord-est (de Fénérive) à Ambatondrazaka (Antsianaka); l'autre de la côte-sud-est (de Mananjary) à Fianarantsoa (Betsileo); l'établissement d'une ligne de Mahanoro au Vakin-Ankaratra me paraît également urgent.

La jonction stratégique d'Ambatondrazaka à Fianarantsoa s'imposera; et l'on a déjà parlé du prolongement éventuel de cette ligne centrale au nord vers Diégo-Suarez, au sud vers Fort-Dauphin.

La route de Tamatave à Tananarive, qui n'était pas sûre en juillet, août, septembre 1896, et que les Fahavalos dévastèrent, au moment du soulèvement de l'Imerina, jouit en ce moment (décembre 1896), grâce aux postes et aux blockhaus très-nombreux, qui sont échelonnés sur ses deux côtés, d'une suffisante sécurité. Les convois ne sont plus pillés, les voyageurs ne sont plus attaqués: tout danger semble être dissipé.

La route de Vatomandry à Irihitra (où elle se joint à la précédente) est préférée par le commerce anglais et américain; elle n'a pas été inquiétée un seul instant par les Fahavalos; il y a là un fait étrange, qui semble prouver que la cour hova, et les Fahavalos qu'elle dirigeait, tenaient les Anglais, sinon pour des alliés, du moins pour des amis; déjà pendant toute la durée de l'expédition (1894-95) cette route était demeurée ouverte au commerce anglais et américain.

La route de Majunga pourra être réouverte à la circulation dans quelques mois; le service postal de Tananarive à Majunga, qui était suspendu depuis longtemps, reprend déjà; cette route n'est pas encore sûre, mais elle devient moins dangereuse.

Les Porteurs.

Les porteurs manquent pour porter de la côte-est à Tananarive les marchandises et les denrées que réclame la consommation des troupes, des cadres administratifs et des colons.

Les porteurs (borizano), qui avant 1885 montaient à Tananarive pour 12 fr. 50 et qui en 1895 se payaient 17 fr. 50, ont exigé depuis l'expédition 25 fr., 30 fr., 35 fr., 40 fr., 50 fr., et demandent actuellement (décembre 1896), 57 fr.; certains négociants ont dû les payer 60 fr., et, si on n'y met bon ordre, ils réclameront avant peu 100 fr.

A 57 fr. les 100 livres, le transport d'un kilo de marchandise revient à 1 fr. 14 : plus cher même, l'homme coûte en réalité plus de 57 fr., puisque le commandeur doit recevoir 1 fr. 25 par porteur, puisque le correspondant d'Andevoranto ou de Tamatave est payé à raison de 1 fr. 25 par porteur chargé, et que le passeport coûte 0 fr. 60.

Des frais de transport aussi excessifs (1,200 fr. la tonne) ont fait monter le prix de toutes les denrées à Tananarive et dans l'Imerina.

Le sel allemand, qui se vendait à Tananarive, avant la guerre, 17 fr. 50 les 100 livres, se vend maintenant 47 fr., avec tendance à la hausse.

Le yard de cotonnade écrue, qui se vendait avant la guerre 0 fr. 45 (en gros) se vend actuellement 0 fr. 55 pour la même marque, le Cabot par exemple.

Le vin ordinaire en dame-jeanne de 18 litres (non garantis) se vend (genre blanc) à 50 fr. et 65 fr. ; le vin en bouteille atteint des prix beaucoup plus élevés ; des vins blancs d'une valeur de 2 à 3 fr. la bouteille ont été vendus aux enchères, en septembre 1896, à 8 fr. la bouteille : à ce moment le vin manquait sur place, comme il arrive fréquemment.

Le commerce de l'intérieur sera enrayé et paralysé tant que la question des transports ne sera pas résolue.

Le Zoma de Tananarive.

Le marché de Tananarive est le plus important de Madagascar.

Il se tient tous les vendredis, au nord de la ville, entre le quartier de la Résidence générale et la place d'Analakely. Il s'étage sur quatre terrasses superposées.

1re *plateforme*. — La plus élevée (au niveau du sol de la Résidence générale) est occupée par les légumes, la *mercerie*, le tabac, le sel, les chapeaux, les rabannes et les blouses, les cornes et cuillers, la ferblanterie, la *quincaillerie*, les poteries, les raccommodeurs de vaisselle, les parasols, les instruments de musique.

Le Zoma de Tananarive : seconde plate-forme.

2me *plateforme*. — La terrasse, qui s'étend au-dessous, commence vers les marchands de nattes et de soubiques (sobika), comprend toutes les huttes réservées aux *toiles écrues*, *blanchies* et *imprimées*, est ensuite occupée par la boucherie, puis par les revendeurs de lamba et chemises en neuf et en vieux.

Sur la route qui borde cette terrasse au nord et descend vers la troisième plateforme s'étagent les marchandes de zozoro, avec les marchandes d'oreillers et de matelas, puis les marchands de cocons et de graines de vers à soie.

Le Zoma de Tananarive ; seconde plate-forme.
Les marchands de lamba, de pantalons et de chemises.

3me *plateforme*. — Sur la troisième plateforme stationnent les marchandes de soie en écheveaux (teintes grise, rouge, bleue, verte ou blanche), les *fournisseurs de teinture rouge*: au-delà sont les lamba rouges (draps mortuaires) en soie du pays; puis les marchands de caisses en fer-blanc, de sucre indigène, de savon indigène, de chanvre indigène, de bambou et de riz.

4me *plateforme*. — En descendant une pente abrupte, on arrive à la partie basse où se vendent les bois de charpente, les chaises, les tables, les lits indigènes (anciennement les bois de lance), les claies en zozoro, les herana pour toitures, les bœufs.

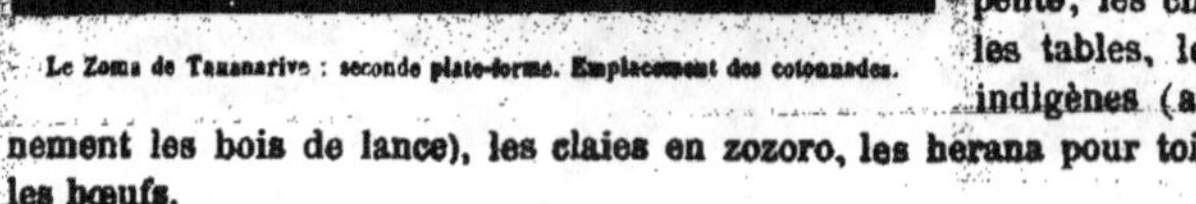

Le Zoma de Tananarive : seconde plate-forme. Emplacement des cotonnades.

L'importation n'apporte sur ce marché, en quantité notable, que des cotonnades écrues, blanchies et imprimées. Elle ne fournit qu'un chiffre infime d'articles de bazar en quincaillerie et mercerie.

Valeur des Importations montant dans l'Imerina.

Le Zoma de Tananarive : seconde plate-forme. Emplacement des cotonnades.

Dans une statistique se reférant à l'année 1884, un écrivain anglais évalue les importations de Tananarive et de l'Imerina à :

2,800 balles cotonnades écrues.

1,500 balles cotonnades blanchies.

La valeur totale des importations serait de 3,000,000 fr., dont moitié pour les cotonnades écrues, un quart pour les cotonnades blanchies, un quart pour les cotonnades imprimées et les objets de toute nature.

Il est presque inutile d'observer que ces chiffres n'ont aucune base réelle et notent de simples suppositions.

Néanmoins je constate que l'écrivain que je cite, le vice-consul britannique, Clayton Pickersgill, s'accorde avec moi pour croire que la moitié des importations consiste en cotonnades écrues.

Le Zoma de Tananarive : emplacement des cotonnades. Pesée d'argent.

Comment se vêtissent les Indigènes?

A Tananarive, la femme hova ne porte pas, comme la femme betsimisaraka de la côte-est, pour vêtements de dessous la toile d'entourage et l'akanjo, pour vêtements de dessus le kitamby et le châle.

Son costume se compose de deux pièces : une longue chemise à manches boutonnée au cou et un lamba; parfois un jupon, porté sous la chemise, complète la toilette.

Le Zoma de Tananarive : femmes montant au Zoma des pièces de cotonnades écrues.

La chemise est en cotonnade écrue pour les pauvres gens, en cotonnade blanchie, ou même en mousseline pour les femmes de condition; la chemise peut se broder, affecter l'apparence d'une robe de chambre et devenir à traîne; elle est parfois, mais assez rarement, en cotonnade imprimée.

Le lamba est presque toujours blanc (cotonnade écrue lavée ou cotonnade blanchie), quelques coquettes ont des lamba de couleur.

Le jupon, objet de luxe, est en cotonnade blanchie à broderies très-larges dans le bas, ou en mousseline, avec broderies appliquées.

L'homme se vêtit comme la femme d'une chemise (celle-ci fendue sur les côtés dans le bas) et d'un lamba très souvent en cotonnade écrue, parfois en cotonnade blanchie, doublée à l'extérieur de cotonnades imprimées. Dans l'Imerina, plus de simbo, comme sur les côtes; quelques Malgaches portent une culotte sous la chemise, néanmoins un certain nombre de notables de Tananarive commencent à mettre avec des bas et des chaussures un pantalon de drap et une chemise blanche très-empesée; le lamba remplace pour eux le paletot. Dans les cérémonies, même dans les cérémonies privées (mariages), ils revêtissent l'habit noir, les bottines vernies, le chapeau claque et les gants de peau. Mais j'ai vu des dignitaires hova oublier de sortir au bon moment le mouchoir qu'ils avaient en poche, peu familiarisés qu'ils étaient avec son usage.

Ne nous attardons pas à sourire, car l'Antimerina (le Hova) s'assimilera avec une prodigieuse rapidité, et avant peu nous n'aurons plus rien à lui apprendre, sous le rapport de la toilette et des usages mondains ; sa vanité le pousse à nous copier, et il est très-habile en cet art.

Commerce des Cotonnades écrues.

J'ai retrouvé sur le zoma de Tananarive toutes les marques de cotonnades écrues américaines, que nous avons vues dans mon premier rapport, apportées à Tamatave par des steamers de New-York et les paquebots de la Castle-Line (voir Commerce des cotonnades écrues : § 12, cotonnades écrues américaines).

Je revois :

1° Le Cabot, pièces de 40 yards ; qualité A ; marque Dwight Mang C° ;

2° Le Bennington, pièces de 39 1/2 yards (environ) ; qualité FF ; dessin coq bleu ;

3° Le double Buckhead Sheetings (de Witt Mang C°) ; pièces de 40 yards qualité PB ; dessin deux têtes de taureaux ;

4° Le Blackhawk sheeting, pièces de 40 yards (largeur 36 inches), qualité CA ; dessin tête de peau-rouge ;

5° L'Augusta, pièces de 40 yards, qualité A, n° 5 ;

6° Le Peltzer, pièces de 40 yards, qualité A (M'F"g.C°) ; dessin héros portant le monde ;

7° Le Massachusetts, pièces de 40 yards, qualité A, avec dessin bleu ;

8° L'Oin Level Best, pièces de 40 yards, avec dessin bleu ;

9° Le Great Falls (Mang C°), pièces de 40 yards, qualité O ; dessin un griffon ;

Je note en outre en petite largeur (Soga Kelilambanana) :

10° Le Massachusetts, pièces de 40 yards, qualité C, avec dessin bleu ;

11° Le Bangor, pièces de 40 yards, qualité C, dessin tête de bœuf ;

Les cotonnades anglaises sont fort peu demandées à la capitale. Je remarque :

12° L'Anchor Sheetings, pièces de 40 yards, dessin tête de cerf, importé par la maison anglaise Procter Brothers ;

13° Le Superfine Sheeting, pièces de 40 yards, dessin tête de mulet, importé par la maison anglaise Frouville-Detienne ;

14° Le Goose Mills Shirting, en petite largeur, pièce de 40 yards, dessin oie ;

15° Le Stout Sheeting, en petite largeur, pièce de 40 yards, dessin oie, qualité inférieure au Goose Mills.

Les autres marques américaines ou anglaises rencontrées sur le marché sont :

16° Le Langley M. J. G. C° Sheetings, pièces de 30 yards, qualité C, dessin éléphant bleu (américain) ;

17° The John P. King M. J. G. C° Heavy Sheetings, pièces de 40 yards, qualité AA (américain) ;

18° Le Brighton Mills A, pièces de 40 yards, qualité A, dessin griffon (américain) ;

19° L'Excelsior 1896 Sheetings, pièce de 40 yards, dessin aigle sur balles (américaines) ;

20° Le Standard Sheetings, pièces de 40 yards, dessin bicycliste (américain) ;

21° Le Napoléon Heavy Sheetings, pièces de 40 yards, dessin tête de bœuf (américain) ;

22° Le Best Domestic Sheeting, BB., pièces de 40 yards ; dessin cheval se cabrant, inscription : Bellambane (anglaise) ;

23° Le Rangaranga, cotonnade anglaise.

A cette liste, il faut ajouter quelques grossiers indiens, comme le 1,300 indien (pièces de 37 yards), dessin éléphant indien, et quelques toiles très lâches comme le Bly Brothers et C° Mauritius (pièces de 24 yards), le n° 975 ou B de la maison anglo-indienne Dadabhoy et C°, le n° 1080 de Manchester.

L'étude des toiles du Zoma a confirmé mes premières conclusions ; les indigènes de l'intérieur préfèrent de beaucoup les cotonnades américaines qui sont plus résistantes, plus chaudes, plus souples que les cotonnades anglaises.

J'ajouterai toutefois que le succès particulier du Cabot vient non-seulement de ses qualités réelles, mais aussi de ce fait que le marché en est toujours très largement approvisionné.

Il est un point sur lequel je n'ai pas suffisamment dans mon premier rapport attiré l'attention des industriels français. Le Cabot a pour concurrents les tissus de même apparence, et aussi des tissus tachetés, appelés par les indigènes *Belaiparasy* (se prononce bétailparache), ce qui veut dire beaucoup de taches de puces : ces minuscules mais innombrables points noirs proviennent de pellicules de graines de coton jetées dans le tissu. Ces qualités tachetées sont à imiter, car les indigènes y tiennent : ils n'ont pu me donner d'autres raisons de la vogue dont jouissent ces tissus que la mode et le goût général. J'envoie de nouveaux échantillons de ces qualités.

Les cotonnades citées ci-dessus ont été cotées : la pièce :

	LONGUEUR des PIÈCES	COURS DE			
		Décembre 1892	Décembre 1893	Décembre 1894	Décembre 1896
Belambanana.					
Cabot.................	40 yards	18 f. 65	18 f. 05	19 f. »	21 f. 50
Bennington	40 —	17 90	17 90	18 75	20 »
Buckhead..............	40 —	» »	» »	» »	21 20
Blackhawk	40 —	18 05	18 »	18 75	21 »
Augusta	40 —	17 »	17 »	» »	20 »
Peltzer	40 —	17 50	17 50	» »	20 80
Level-Best	40 —	» »	» »	» »	21 »
Great-Falls	50 —	23 »	23 »	» »	» »
Langley	30 —	» »	» »	» »	15 50
The J.-P. King........	40 —	» »	» »	» »	21 »
Brighton-Mills	40 —	18 05	18 »	» »	20 »
Anchor-Sheeting	40 —	» »	» »	» »	19 35
Kelilambanana.					
Massachusetts, C.	40 —	12 10	12 20	12 30	15 35
Bangor, C.............	40 —	12 10	12 10	» »	15 »
Good-Mills............	40 —	» »	» »	11 85	» »

Ne vendent sur le Zoma que des marchands indigènes : la marchandise leur est livrée sur place par des importateurs américains et anglais.

Chaque semaine il se vend de 20,000 à 30,000 fr. de cotonnades écrues.

Les marchands les mieux achalandés vendent chacun 50, 60 et 75 pièces par marché.

En terminant mes observations sur les cotonnades écrues, je conclus :

1° Comme l'indique ma conclusion V° du 26 octobre, le type par excellence de la cotonnade écrue à fabriquer pour Madagascar est le Cabot américain, largeur 36 inches (0 m. 91 c.), longueur de pièces 40 yards ou métrage équivalent, balles de 25 pièces ;

2° A côté du Cabot, il faut imiter les betaiparasy ; établir une série de qualités de poids gradués ; faire de la grande et petite largeur ;

3° Je déconseillais l'usage des mesures anglaises : « Il ne faut pas s'astreindre aux mesures anglaises, disais-je ; il ne faut pas mesurer en yard : le métrage français devra toujours être très apparemment indiqué ». Or, un arrêté vient d'être pris depuis peu pour imposer l'usage du mètre : une

2

des conséquences de cet arrêté est la nécessité de plier le tissu en mètres et non plus en yards ; les pièces françaises devront avoir 36 ou 40 mètres et être pliées en 36 ou 40 plis ;

4° J'ai précédemment attiré l'attention des industriels français sur le sens de la torsion des toiles américaines contre lesquelles ils auront à lutter. Si les industriels français ne devaient pas être fortement protégés, je crois qu'ils auraient dû pousser l'imitation jusque dans ce détail, qui, par suite du procédé employé par les femmes malgaches pour le charpillage des tissus, a une importance réelle. En présence de la protection douanière enfin promise, en présence du trouble que l'arrêté sur l'usage du mètre portera sur le marché américain, je pense que les cotonnades françaises, si elles répondent, en force et en souplesse, aux désirs indigènes, s'imposeront, quel que soit le sens de la torsion du fil ;

5° Je joins à ce rapport, avec annexes, l'une de mes lettres à M. le général Gallieni, résident général, contenant mon avis sur ce que doit être le régime de protection à accorder aux tissus français.

Commerce des Filés.

Les femmes indigènes défilent les toiles américaines pour se procurer le fil nécessaire au tissage des gros lambas de coton, qu'elles font assez bien, mais en très faible nombre.

Il ne monte pas dans l'Imerina (à proprement parler) de filés de coton.

Je me suis nettement prononcé contre tout encouragement qui serait donné au développement des industries textiles à Madagascar.

Un arrêté du 17 décembre ayant institué une Ecole professionnelle d'apprentissage chargée de former des maîtres ouvriers indigènes des différents corps de métier, nous devrons insister pour que les programmes d'enseignement écartent tout ce qui touche aux industries textiles.

Commerce des Cotonnades blanchies.

La cotonnade blanchie qui se vend sur le zoma de Tananarive vient presque exclusivement de Manchester : quelques pièces viennent de Calcutta ; fort peu d'Amérique ; aucune de France.

L'une des marques le plus demandée est le Luna Shirting n° 1250, longueur 41 1/2 yards garantis, largeur 0 m. 88 cent., Manufactured specially by G. et R. Dewhurst, Marlborough Mills, Manchester, très bon tissu, ayant 20 fils en chaîne et 19 en trame au quart de pouce français. Je ne saurais trop répéter qu'il faut expédier à Madagascar de solides qualités en majorité.

A titre d'indication, voici les prix des cotonnades blanchies de la maison anglaise Porter Aitken et C° (mercuriale de décembre 1896) ;

Toile blanche J. D. B .... 21 fr. 25 c. la pièce de 40 yards.
   —   Masoandro.............. 21   25   —   —
   —   Dollars.................. 20   60   —   —
   —   Voolobaka............. 20   60   —   —

Ayant eu l'occasion de procéder dans le Palais de la Reine à l'inventaire de tous les tissus prélevés jadis par les douanes malgaches sur les importations, j'ai pu dresser la liste des diverses qualités de cotonnades blanchies qui entraient dans l'île il y a quelques années.

Je vois :

I° Importés par la maison Procter Brothers.

1° Toile Procter Bro⁸, Tamatave, dessin bleu, 38 yards, largeur 0 m. 83 c. ;

2° Toile Procter Bro⁸, London, dessin bleu (deux mains), 40 y., larg, 0 m. 86 c. ;

3° Toile A, Procter Bro⁸, Tamatave, dessin bleu, 24 y., larg. 0 m. 79 c. ;

4° Toile A Manufactured for Procter Bro⁸, London and Madagascar, dessin bleu, 24 yards, larg. 0 m. 79 c. ;

5° Toile Procter Bro⁸, Tamatave, dessin or, 40 y., larg. 0 m. 91 ;

6° Toile Procter Bro⁸, Tamatave, P finish, 36, c. o. manufactured by the Dacca Twist C°, dessin or, 40 y., larg. 0 m. 91 c. ;

7° Toile B Procter Bro⁸, Tamatave, dessin or, 12 y., larg. 0 m. 81 c. ;

8° Toile 3 couronnes Procter Bro⁸, Manchester, dessin or, pièce de 12 y. ;

9° Toile BB Procter Bro⁸, London, dessin or, 40 y., larg. 0 m. 92 c. ;

10° Toile 1 couronne BB Procter Bro⁸, London, Tamatave, dessin or, 40 y., larg. 0 m. 91 c. ;

11° Toile n° 20 Procter Bro⁸, London, dessin or, 24 y., larg. 0 m. 72 c. ;

12° Toile n° 40 Procter Bro⁸, London, dessin or, 24 y., larg, 0 m. 71 c., et de date plus ancienne ;

13° Toile Samuel Procter, Tamatave, dessin bleu, 40 y., larg. 0 m. 91 c. ;

II° Importées par F. Adam.

14° Toile F. Adam, Tamatave, dessin or, 24 y., larg. 0 m. 83 c., portant la mention : British Manufacture Procter Bro⁸, London ;

III° Importées par I. Dupuy.

15° Toile I. Dupuy, Tamatave, dessin or, 40 y., larg. 0 m. 91 c., portant la mention : British Manufacture Procter Bro⁸, London ;

16° Toile 1 couronne BBBB, Isaü Dupuy, Tamatave, dessin or. 40 y., larg. 0 m. 90 c., portant la mention : British Manufacture Procter Bro⁵, London ;

IV° Importées par Dupré et Arnulphy.

17° Toile 1 couronne, A. Dupré et L. Arnulphy, dessin or, 40 y., larg. 0 m. 91 c., portant la mention : British Manufacture Procter Bro⁵, London ;
18° Toile 1 couronne BBBB, A. Dupré et L. Arnulphy, Tamatave, lettres or, 40 y., larg. 0 m. 89 c., portant la mention : Procter Bro⁵, London ;
19° Toile A, Manufactured for A. Dupré and Arnulphy, Tamatave, dessin bleu, 24 y., larg. 0 m. 79 c. ;

V° Importées par A. Dupré.

20° Toile A. Dupré, Tamatave, dessin or, 40 y., larg. 0 m. 91 c., portant la mention : British Manufacture Blyth, Bro⁵ et C°, Manchester ;
21° Toile A. Dupré, Tamatave, dessin bleu, 40 y., larg. 0 m. 92 c. ;

VI° Importées par Porter Aitken et C°

22° Toile A, Manufactured for Porter Aitken et C°, Tamatave, dessin bleu, 24 y., larg, 0 m. 77 c. ;
23° Toile A, Porter Aitken et C°, Tamatave, Perfectly Pure, dessin lion bleu, 24 y., larg. 0 m. 81 c. ;
24° Toile A, Manufactured for Porter Aitken et C°, Tamatave, dessin machine à coudre bleu, 24 y., larg. 0 m. 81 c. ;

VII° Importées par W. O'Swald et C°.

25° Toile W., — W. O'Swald et C°, Tamatave, dessin bleu, 24 y., larg. 0 m. 79 c. ;
26° Toile WW, — W. O'Swald et C°, Tamatave, dessin bleu, 40 y., larg. 0 m. 92 c. ;
27° Toile 1 couronne, Wᵐ O'Swald et C°, Tamatave, dessin or, 40 y., larg. 0 m. 89 c. ;
28° Toile 1 lion couronné, W. O'Swald et C°, Tamatave, dessin or, 41 1/2 y., larg. 0 m. 91 c.

VIII° Importées par Fourville-Détienne.

29° Toile Fourville-Détienne, Tamatave, H. 38, dessin or, 24 y., larg. 0 m. 77 c.;
30° Toile Fourville-Détienne, Tamatave, BB, dessin or, 40 y., larg. 0 m. 92 c.;

IX° Importées par Justin Rousselet et C°.

31° Toile A, cadran bleu, Justin Rousselet et C°, Tamatave, 24 y., larg. 0 m. 80 c.;

32° Toile Justin Rousselet, dessin or, 40 y., larg. 0 m. 91 c. ;

33° Toile 1 couronne, Justin Rousselet, Tamatave, dessin or, 40 y., larg. 0 m. 91 c.;

34° Toile 1 aigle, Justin Rousselet, Tamatave, 40 y., larg. 0 m. 91 c. ;

X° Importées par Blyth Brothers et C°, de Maurice.

35° Toile Blyth Brothers Mauritius, dessin or, 40 y., larg. 0 m. 89 c., porte la mention : British manufacture Blyth Bro° et C°, Manchester ;

36° Toile 1 couronne Blyth Brothers et C°, Mauritius, dessin or, 40 y., larg. 0 m. 91 c., portant la mention : British manufacture Blyth Bro° et C°, Manchester ;

XI° Importées par W. Kidson et C°, de Maurice.

37° Toile W. Kidson et C°, Mauritius. dessin or, 40 y., larg. 0 m. 90 c. ;

38° Toile the Universal Favourite, de W. Kidson et C°, London et Mauritius, dessin or ;

XII° Importées par Wilson, Swall et C°, de Maurice.

39° Toile Lion d'Or, de Wilson, Swall et C°, Mauritius, 40 y., larg. 0 m. 90 c. ;

40° Toile Queens Long Cloth Shirting, de Wilson, Swall et C°, 24 y., larg. 0 m. 80 c.;

XIII° Importées par Scott et C°, de Maurice.

41° Toile R. S. 16, de Scott et C°, Mauritius, dessin bleu, 24 y., larg. 0 m. 78 c.;

XIV° Importées par Capeyron et Delange, de Maurice.

42° Toile Capeyron et Delange, Mauritius, dessin or, 40 y., larg. 0 m. 92 c.;

XV° Importées sous marques d'Angleterre.

43° Toile Henry Mylius et C°, de Manchester ;
44° Toile J. et J. Bell, de Manchester ;
45° Toile Clegg Macfadyen et C°, de Manchester ;
46° Toile de Strafford manufacturing Company ;

47° Toile de Dacca Twist C° ;

XVI° Importées d'Amérique.

Je n'ai rencontré que deux échantillons d'origine américaine ;

XVII° Importées de France par Maurice !

Dans l'immense stock du Palais de la reine, j'ai reconnu trois échantillons de provenance française :

48° Madapolam n° 2, marqué J. G., 55 mètres :

49° Toile de Paris, importée par Galdeman frères, de Maurice ;

50° Toile de Paris, importée par J. Richer et C°, portant la mention : Ed. Davillier et C°, blanchisserie et apprêts, à Gisors, Eure, 24 yards.

S'il fut un temps où quelques pièces de toiles françaises entraient par Maurice à Madagascar, ce temps est loin : depuis de nombreuses années, la France ne fournit plus une seule pièce de blanc à la grande île.

Je n'ai pu trouver dans le stock du Palais un grand nombre de marques dont font mention les vieilles mercuriales.

Des 50 types, qui ont attiré mon attention, j'ai prélevé échantillons. Je tiendrai cette liasse d'échantillons à la disposition des Chambres de Commerce intéressées.

Commerce des Cotonnades imprimées.

Il ne se vend que des quantités relativement restreintes de cotonnades imprimées : elles servent principalement à doubler les lambas ; peu de chemises de femme (longues tuniques) sont en imprimé.

Dans l'Imerina, comme à Tamatave, l'imprimé doit être à dessins grands, nets, tranchés, avec vives oppositions de couleurs. Quantité de nos dessins français plairont quand nos toiles apparaîtront sur le marché.

Le prix de vente au détail est en moyenne, pour l'imprimé comme pour le blanchi, de 0 fr. 60 c. le yard (soit 0 fr. 66 c. le mètre) ; quelques genres atteignent 0 fr. 80 c. et 0 fr. 90 c. le yard (0 fr. 88 c. et 1 fr. le mètre).

Les Indiens établis en boutique à Tananarive font une active concurrence aux Hovas du Zoma pour la vente des imprimés.

Commerce des Cotonnades teintes.

Il fut un temps où la cotonnade bleue se vendait beaucoup : on habillait les esclaves en bleu foncé pour leur faire porter le deuil.

Le bleu marine se vend encore en petite quantité pour deuil, mais il est évident que le noir s'imposera.

La cotonnade rouge a été adoptée pour les ceintures des Miliciens.

Commerce des Lainages.

Les draps pour pantalon se vendent chaque jour davantage ; les bonnes qualités seront toujours préférées : le prix de détail de 8 fr. 50 le mètre, soit 10 fr. la coupe de 1 m. 20 c., est courant.

Quant aux lainages pour robes, ils doivent au contraire être bon marché; les qualités légères commencent à se vendre en nuance claire; le cachemire blanc est demandé.

La couverture de laine peut se vendre bien dans l'Imerina, même à 20 fr., à 25 fr., à 30 fr.; les genres blanc et multicolore conviennent de préférence ; mais la vente est limitée, car la couverture ne peut même, aux temps les plus froids, remplacer le lamba, par la raison que la couverture ne peut draper.

Les hommes ne portent que fort peu de chaussettes ; ils préfèrent les bas, surtout les bas de couleur, qu'ils portent à Tananarive et dans les environs avec la culotte courte ; élevé est relativement le nombre des manamboninahitra des campagnes (notables) portant le bas.

Les femmes, qui veulent porter des bas blancs, les font elles-mêmes, et en coton ; il s'en vend peu à 0 fr. 75 et 0 fr. 90 la paire ; plus en faveur sont les bas noirs à broderies pour bal, leur prix peut atteindre au détail 1 fr. 50 et 2 fr.

Commerce des Soieries d'Europe.

La soie de Lyon et les satins qui commençaient à se vendre à Tananarive sont délaissés depuis l'arrivée des troupes sénégalaises : les andriana (nobles) ne veulent plus acheter la soie et le satin qu'ils voient porter par les femmes noires des tirailleurs sénégalais ; la vente est tombée dans une proportion de trois quarts.

Commerce des Cuirs.

Le cuir indigène ne peut pour l'instant faire concurrence aux cuirs français; les Malgaches ne savent pas tanner et leurs cuirs n'ont aucune résistance.

S'ils font des selles ordinaires, ils demandent à l'Europe les selles de luxe.

S'ils font des chaussures pour la saison sèche (certains cordonniers de Tananarive sont arrivés à donner à leurs bottines une coupe et une forme gracieuses), le cuir malgache ne résiste pas à l'eau, et il serait imprudent de s'en chausser pendant la saison des pluies.

La chaussure française pourra donc se vendre, du 35 au 38 pour la femme (parfois du 34), du 38 au 41 (plus rarement du 42) pour l'homme, la qualité vernie ou à bouts vernis est la plus demandée.

Commerce de la Quincaillerie.

Les carails et les marmites trois pieds montent jusque sur les plateaux ; pour rendre le transport moins onéreux, les importateurs réduisent le poids des carails en en réduisant l'épaisseur : certains sont minces comme de la carte.

Les assiettes émaillées, bols émaillés, marmites émaillées, qui se vendent dans l'Imerina sont anglais et allemands, rarement français ; cet article mérite attention.

Les seaux galvanisés ne sont pas employés ; les porteurs d'eau préfèrent aux seaux des bidons en fer blanc (genre bidon de laitier), qui tiennent l'eau pendant la marche.

Aucun article en fer blanc ne monte à Tananarive ; les ferblantiers de la ville, les andriandranando, qui constituent la sixième caste noble, sont nombreux et industrieux. Ils façonnent tous les articles de consommation courante, bidons, cuvettes, baignoires, tire-lires, caisses à argent, malles, arrosoirs, lanternes et quantité d'autres objets.

Le fer blanc en plaque est donc de vente facile.

Les pointes de Paris se vendraient bien parce que le bois de Madagascar est dur et le fer indigène fort mou. Mais la pointe malgache est si bon marché (un ouvrier indigène en peut faire de 700 à 800 par jour) et la pointe de Paris si chère, par suite de prix actuels de transport, que la concurrence est actuellement impossible ; les services administratifs sont seuls, peut-être, à n'employer que des pointes de Paris.

Les clous (longues pointes) se trouvent dans les mêmes conditions : ils reviennent à des prix exorbitants ; d'ailleurs, ils manquent sur place (décembre 1896).

La vis, plus difficile à fabriquer que la pointe, sera encore longtemps demandée en Europe ; il ne s'en emploie que de petites quantités.

Les fils de fer et le treillage ont de redoutables concurrents dans les lianes et les bambous ; les clôtures naturelles sont préférées à toutes autres ; néanmoins, les Malgaches commencent à faire de la ronce artificielle.

Le treillage est demandé par les Européens pour la construction des volières.

Commerce des Chaises.

Les menuisiers malgaches font des chaises, comme des tables et des armoires.

Leurs chaises sont presque élégantes, quoique un peu lourdes ; leur grand inconvénient est de n'être pas solides ; elles valent 2 fr. 50 et 3 fr.

Il monte cependant un nombre plus important qu'on ne pourrait croire de chaises en bois courbé, genre viennois : pour l'ouverture du Cercle de Tananarive, on a pu en réunir soixante.

Commerce de la Verrerie.

Le Hova ne pratique pas encore l'usage courant du verre de table. Peu de verreries fines ont été achetées pour le Palais ou pour les principaux officiers hovas ; mais pour boire le whisky, le soda et les vins cuits, dont le goût leur a été donné par leurs conseillers anglais, ils ont fait venir de la verrerie moulée.

La maison anglaise Porter Aitken et C° a porté à Tananarive quantité de verreries grossières (sucriers, beurriers, luncheries), qu'elle a fait vendre à l'encan et dont elle a écoulé, par ce procédé, d'assez sérieuses parties.

Le verre à vitre est plus connu à Tananarive qu'à Tamatave ; néanmoins, l'article manque souvent sur place : les petites quantités importées semblent venir de Belgique.

Commerce des Vins et des Alcools.

Le vin ne peut monter en barrique à Tananarive ; l'intendance militaire a essayé de le transporter en petites barriques, mais un insecte s'est attaqué au bois et des pertes importantes en ont résulté.

Le vin est transporté en bouteilles (30 par bourjane), ou en litres (25 par bourjane) ; le plus ordinairement en dames-jeannes de 18 litres (2 par bourjane).

Les frais de transport d'un litre de vin, de Tamatave à Tananarive, s'élèvent en moyenne à 2 fr.

Il est, par suite, fort naturel que la dame-jeanne de 18 litres de vin se vende de 50 à 65 fr. Un vin valant 0 fr. 70 à 0 fr. 80 le litre se vendra, par la force des circonstances, 2 fr. 70 et 2 fr. 80.

A ces prix, peu d'indigènes peuvent acheter. Les 20,000 litres de vin qui se vendent mensuellement sont consommés par la garnison et la population d'origine européenne. La liquidation Laroche a approvisionné largement, la place, pour de longs mois, en vin de prix (7 et 8 fr. la bouteille). Les vins rouges et blancs ordinaires manquent souvent faute de porteurs pour monter les stocks de Tamatave et Andevoranto. Je dirai enfin que pour supporter les températures élevées du trajet, le vin doit avoir pour le moins 12° et 12° 1/2.

Les essais tentés pour l'importation du cidre n'ont pas réussi.

Les Hovas sont acheteurs de tisane de Champagne. L'absinthe Pernod a un débit important. L'absinthe d'exportation, achetée 5 fr. 50 les 12 bouteilles est consommée par la population indigène.

Le vermouth le plus demandé est, comme à Tamatave, le Noilly Prat et C⁰.

L'eau-de-vie anisée allemande, si prisée sur la côte, ne monte guère à Tananarive.

Le cognac Neyrau, si en faveur à Diégo-Suarez et à Tamatave, est primé par la marque Prince et d'Etiveaud, de Paris.

Le whisky est une liqueur d'opposition.

Le rhum est d'origine mauricienne, le rhum de Bourbon n'étant pas encore protégé : vente ferme.

Les chartreuses, les anisettes, les curaçaos, sont très demandés par les consommateurs européens, le kummel aussi.

Les Pères Jésuites fabriquent une bière de maïs qu'on dit bonne. Les bières européennes sont presque invendables à 2 fr. 25, 2 fr. 50 et 3 fr. 50 la bouteille ; deux Français annoncent l'intention de monter des brasseries.

Commerce des Vinaigres.

Les frais de transport portent à un tel prix le vinaigre que dans beaucoup de ménages ou de popotes on remplace le vinaigre par du vin tourné.

Les indigènes en consomment peu, parce qu'ils ne mangent pas de salades, ils font cuire dans l'eau les herbes qu'il consomment avec le riz.

Commerce des conserves alimentaires.

Les conserves de petits pois, haricots verts, carottes, choux, se vendent peu parce que ces légumes se trouvent à l'état frais sur le marché. Les voyageurs qui partent en excursion vers le Sud, emportent peu de conserves parce qu'ils sont sûrs de trouver sur toute l'étendue des plateaux, outre le riz, des haricots verts et des pommes de terre.

Pour les tables européennes, on vend un peu de homard et des asperges.

Les indigènes ne demandent guère que des sardines, qu'il faut leur livrer très bon marché.

La moutarde en poudre anglaise est achetée même par des Français parce que les bonnes moutardes de Dijon et Bordeaux manquent sur place.

Le poivre anglais a seul de l'écoulement à cause de son bon marché.

Le sel de table anglais, livré en pots de verre, à bouchage hermétique, est très en faveur.

Les confitures anglaises se vendent beaucoup parce que les confitures françaises manquent.

Les importations en épiceries et conserves viennent presque exclusivement d'Angleterre, et plus particulièrement de la maison Morton.

La raison en est que la maison Morton a des prix très avantageux, qu'elle soigne ses expéditions et fait le nécessaire pour satisfaire sa clientèle sous tous les rapports.

Quant aux maisons françaises, certaines vendent trop cher (comme la maison Roëdel, par exemple, dont les produits sont excellents), d'autres sont indifférentes à la vente, comme les maisons Amieux et Bouvais-Flon, ou se sont interdit de vendre à Madagascar, comme la maison Potin qui a longtemps traité à l'exclusion avec une maison anglaise de Tamatave.

Commerce des Eaux minérales.

Le taux des transports interdit l'importation sur les plateaux des eaux minérales de France.

On consomme, à Tananarive, de l'eau d'Antsirabé (ville du Vakin-Ankaratra), c'est une eau alcaline à base de bicarbonate de soude rappelant les eaux de Vichy.

Produits des Plateaux.

A l'heure actuelle, au lendemain de l'insurrection formidable qui a bouleversé tout l'Imerina, cette province est sans ressources et sans produit.

L'Imerina produisait, pour l'exportation, des rabannes, quelques lambas, des peaux, de la cire, de la soie de porc, de l'or.

Des rabannes de raphia, il serait impossible de s'en procurer une douzaine à chaque zoma : elles valaient l'année dernière de 0 fr. 50 à 0 fr. 75 ; les quelques rabannes portées sur le marché trouvent preneur actuellement à 2 fr. 50 et 3 fr.

Les lambas de soie, objets de collection, sont achetés à des prix que la situation actuelle justifie seule. Même observation pour les dentelles de soie qui n'ont aucune valeur marchande.

L'Imerina n'exporte plus de peaux; sur la route de Tamatave à Tananarive, je n'ai pas croisé, en douze jours, un seul porteur de peaux. Les peaux séchées constituaient, jusqu'au moment de la guerre, une des principales branches du commerce des plateaux; elles se vendaient à Tananarive de 8 à 10 fr. les 50 kilogrammes.

La cire, qui vint en tous temps, en petite quantité seulement à Tananarive (de l'Est et du Sud), n'est plus apportée sur le marché.

Le caoutchouc n'est jamais monté en fortes parties jusqu'à la capitale des Hovas.

La soie de porc a fourni durant ces derniers mois quelques caisses à l'exportation.

L'or ne peut venir que de la haute vallée du Tsiribihina (le Betsiriri), où l'autorité a permis le commerce d'échange avec les Sakalaves; contre des cotonnades imprimées, des perles et divers articles, les Sakalaves donnent de la poudre d'or; ce mouvement d'échange est très faible.

Conclusion.

L'Imerina ne produit rien pour l'exportation au moment où j'écris.

Mais il ne faut pas désespérer de l'avenir : la pacification a fait des progrès considérables depuis octobre : de nombreuses populations rentrent dans leurs villages pour en relever les ruines et refaire leurs plantations ; beaucoup de rizières ont déjà été cultivées cette fin d'année et la récolte s'annonce comme devant être belle.

La plupart des marchés indigènes se tiennent comme par le passé et la vente des cotonnades y est active.

L'œuvre de la pacification achevée (elle le sera certainement au début de la bonne saison), le gros problème à résoudre sera la question des transports ; coûte que coûte, il faut établir des voies de communication rapides et économiques entre la capitale hova et la mer ; aucune tentative de colonisation ne sera réalisable aussi longtemps que les voies ferrées feront défaut.

Néanmoins, si, à la faveur du Tarif général, le commerce français peut supplanter le commerce étranger, il est assuré de vendre dès maintenant, à l'Imerina, d'après les chiffres que j'ai cités plus haut, 1,500,000 fr. de cotonnades écrues, 750,000 fr. de cotonnades blanchies, 750,000 fr. de cotonnades imprimées et marchandises diverses.

Je suis persuadé que le chiffre des importations de Tananarive et de l'Imérina pourra être décuplé avant quelques années, dès l'achèvement des voies de communication, grâce à l'activité que nous jetterons dans le pays, au développement normal des ressources locales, aux besoins que nous créerons chez les indigènes.

PIÈCES ANNEXES

CE QUE DOIT ÊTRE LE RÉGIME DE PROTECTION

I.

Lettre à M. le Général Gallieni, Résident-Général.

Tananarive, 7 Décembre 1896.

Général,

A quel régime douanier doivent être soumises les importations entrant à Madagascar? Telle est la question sur laquelle il me semble nécessaire, comme suite aux études que je viens de faire, de formuler quelques conclusions.

Le paragraphe 3 de l'article 3 de la loi douanière du 11 janvier 1892 stipule : « Les produits étrangers importés dans les colonies, les possessions françaises et les pays de protectorat de l'Indo-Chine (à l'exception des territoires énumérés au paragraphe 2 : Diégo-Suarez. Nossi-Bé, Sainte-Marie), sont soumis aux mêmes droits que s'ils étaient importés en France. »

Telle est la loi.

Devons-nous demander pour Madagascar, comme j'ai jadis demandé pour Diégo-Suarez et Sainte-Marie, la mise hors du droit commun (c'est-à-dire l'affranchissement de toutes taxes pour produits de toutes origines).

Les raisons que j'avais fait valoir pour le port de Diégo-Suarez et Sainte-Marie ne peuvent s'appliquer à l'île entière; Madagascar devra donc subir la loi commune à nos principales colonies (loi du 11 janvier 1892, article 3, paragraphe 3).

Mon rapport du 26 octobre indique quels articles sont fournis par l'étranger et par la France, par suite quels articles doivent figurer dans l'Extrait.

Reste la question de savoir : 1° si le tarif général métropolitain sera rendu exécutoire sans modifications; 2° s'il n'y sera apporté que de très légères modifications, comme à la Réunion; 3° si les modifications seront profondes et constitueront ce qu'on a appelé un Tarif spécialisé.

Le Conseil d'Administration de la Colonie est maitre absolu aux termes de la loi de demander des exemptions de droits et des tarifications spéciales; il est en réalité maitre de proposer le tarif qui lui semble convenir aux conditions locales.

Que doit-il proposer pour Madagascar?

A mon avis, il doit repousser tout d'abord l'application du Tarif général tel qu'il a été rédigé pour la Métropole; ce tarif est beaucoup trop compliqué dans ses 654 numéros du tableau A dont certains sont divisés à l'infini ; l'application sans modifications de ce tarif compliquerait bien inutilement la tâche du service douanier, sans profit pour personne.

La Réunion a demandé l'exemption de droits sur divers produits (bœufs, mules, chevaux, tortues, poissons secs, salés et fumés, froment en grains et en farine, riz, légumes secs, fruits, pétrole, huiles, sacs de jute), quelques diminutions de taxe, et quelques prohibitions (mélasses, rhums). La Réunion n'en applique pas moins les droits inscrits à plus de 600 numéros du tableau A; un tel régime se conçoit pour la Réunion, colonie ancienne, aussi française que le sol métropolitain et dotée de tous les rouages départementaux.

Madagascar, annexée d'hier, et où l'on a voulu n'établir, avec raison, qu'un embryon d'administration, ne saurait suivre en tout l'exemple d'une colonie vieille de plusieurs siècles.

D'ailleurs quel est but du Tarif général?

Le but de ce tarif est d'éloigner les produits étrangers en les frappant d'une taxe le plus souvent élevée.

Posons donc en principe que tous les articles étrangers qui entrent actuellement à Madagascar, en nombre, et que la France pourrait fournir, seront frappés des droits inscrits au Tarif général, et que tous les articles français qui entrent à cette heure dans l'île seront protégés contre un retour offensif de l'étranger par le même Tarif général.

Quant aux articles et marchandises de toute nature, qui n'entrent pas en nombre actuellement, faut-il alourdir le tarif en les y maintenant?

Cela me parait inutile et dangereux.

Ces points posés, la conclusion n'est-elle pas qu'il faut élaborer pour Madagascar un *Extrait du Tarif général*.

Certains numéros du Tarif général, tel le n° 404, concernant les tissus de coton écrus, le 405 (tissus blanchis), le 407 (tissus imprimés) demeureront trop compliqués si l'extrait est intégral. Les Conseils d'Administration ayant le droit de demander une tarification spéciale, je conseillerai pour certains numéros, et notamment pour les 404, 405 et 407, qu'il soit inscrit un seul droit, qui sera intermédiaire, entre le plus élevé et le plus faible.

Tel est l'avis que je dois formuler après les six mois d'études que je viens de poursuivre à Madagascar.

Si le principe est admis par le Conseil, je pourrai élaborer un projet d'Extrait.

J'ai entendu proposer, dans la Colonie, de protéger l'industrie nationale — non par un Extrait de Tarif général — mais par un système de primes à l'importation. Il faut reconnaître que la prime à l'importation est une mesure d'exception qu'il est bon de prendre dans un cas déterminé et urgent, notamment à l'égard des rhums de la Réunion, mais qu'il serait dangereux de généraliser; on doit préférer les armes courantes, tel le Tarif général, aux armes d'exception; d'ailleurs ceux qui proposent la création de primes d'importation veulent surtout protester contre la protection dérisoire de 10 0/0 accordée en ce moment aux produits français; leur protestation a été une bonne action, mais elle n'a plus d'objet dès qu'il est entendu que Madagascar doit entrer dans le droit commun et subir l'application d'un Extrait du Tarif général.

Je n'ai pas à toucher ici la question d'octroi de mer qui est d'ordre intérieur; qu'il me soit cependant permis de souhaiter que les marchandises à l'usage des colons soient peu chargées et qu'au contraire les marchandises destinées aux indigènes soient plus lourdement frappées.....

Veuillez...

(Signé) : Henri MAGER.

II.

Seconde Lettre à M. le Général Gallieni, Résident-Général.

Tananarive, 14 Décembre 1896.

Général,

J'apprends que la Commission permanente du Conseil supérieur des Colonies a émis un avis favorable à l'application à Madagascar du Tarif métropolitain minimum.

3

Je ne sais si la Commission a étudié la question de savoir si le Tarif général sera rendu exécutoire avec ou sans modifications. Quoi qu'il en soit, je maintiens les termes de ma lettre du 7 décembre.

Veuillez...

(Signé) : Henri MAGER.

III.

Le Système Métrique appliqué obligatoirement.

L'arrêté sur l'usage du système métrique, dont M. Henri Mager faisait pressentir la prochaine apparition dans le présent rapport a été signé le 4 mars.

Il dispose :

Le Général commandant le corps d'occupation et Résident général de France à Madagascar,

Vu le décret du 11 décembre 1895;

Considérant que l'adoption à Madagascar du système décimal faciliterait les transactions commerciales et développerait l'influence française, au point de vue économique,

Arrête :

Art. 1er. — Il est absolument interdit de faire usage de poids et mesures autres que ceux qui sont établis par les lois françaises, à savoir : le kilogramme, le litre, le mètre et leurs multiples ou sous-multiples.

Art. 2. — A dater du 15 mars prochain, les commerçants, particuliers, etc., remettront aux autorités locales tous les anciens poids et anciennes mesures en leur possession; contre le versement de 0 fr. 20, il leur sera délivré un ticket mentionnant les objets reçus. En présentant ce ticket au bureau de la direction de l'école professionnelle, à Tananarive, ils pourront, à dater du 1er mai, retirer de nouveaux poids et de nouvelles mesures, revêtues du poinçon du Gouvernement.

Art. 3. — A dater du 1er juillet prochain, tout individu faisant usage ou même reconnu possesseur, dans les visites domiciliaires, d'un ou plusieurs poids ou mesures non autorisés, sera poursuivi, conformément aux articles 74 et suivants de la loi malgache. Il en sera de même de ceux qui feraient usage ou mettraient en vente des balances fausses.

IIe

RAPPORT SOMMAIRE

SUR LE

COMMERCE DU VAKIN-ANKARATRA

ORDRE DES RENSEIGNEMENTS

RAPPORT SOMMAIRE

SUR LE

COMMERCE DU VAKIN-ANKARATRA

Mananjary, 14 Février 1897.

Le Vakin-Ankaratra.

Le Vakin-Ankaratra est une région aux limites très-indécises qui s'étend entre l'Imerina et le Betsileo.

Sous l'ancienne organisation hova, le Vakin-Ankaratra était constitué :

1º Par l'une des six circonscriptions de l'Imerina ;

2º Par une province particulière, dont les trois chefs-lieux de gouvernement étaient Betafo, Manatonana et Ambohimananibola ; ces trois centres sont situés dans le bassin de l'Andrantsay, affluent du Betsiriry ;

3º Par la partie nord du Betsileo : en effet, sur sa carte de Madagascar et sur sa carte de la province du Betsiléo, le Père Roblet marque comme relevant du Vakin-Ankaratra tout le gouvernement betsileo d'Ambositra.

Les trois villes importantes de cette région sont Antsirabé, siège d'une résidence française; Betafo, où fut d'abord installée cette résidence, et Ambositra, rattachée en ce moment à la province autonome des Betsileo. Dans sa Notice si connue de 1872, sur Madagascar, M. Grandidier comprend dans le Vakin-Ankaratra : Antsirabé, Betafo et Ambositra.

Dans tout le Vakin-Ankaratra, la population est très mêlée ; Hova et Betsileo y vivent côte à côte ; des mariages nombreux ont rapproché les deux peuples et créé une race métisse. Ne pouvant rattacher un pays dont la population est si divisée, soit à l'Imerina, soit au Betsileo, on a proposé d'en faire une province spéciale. La forte densité de la population du Vakin Ankaratra et ses qualités particulières justifieraient cette mesure.

Antsirabé.

Antsirabé est une des villes les plus coquettes du centre; elle doit cet aspect riant aux habitations très-confortables de la colonie norvégienne qui l'habite; le climat y est excellent, exempt de fièvres paludéennes, exempt de la malaria épidémique, l'aretin'ny olona (maladie régnante), comme disent les Malgaches, malaria qui fait de si fréquents ravages à Betafo, à Nanatonana, et dans le Sud, à Fianarantsoa. Antsirabé est favorable aux cures d'air; son séjour convient aux fiévreux et à tous les convalescents. Antsirabé possède, outre son air, des eaux thermales, qui pourront faire sa fortune.

Betafo.

Betafo a l'aspect d'un gros village indigène; ce qui frappe le voyageur qui atteint sa vallée, c'est la densité de sa population; les villages se succèdent sans interruption jusqu'aux limites de l'horizon; on a dit de cette zone qu'elle est la Belgique de Madagascar.

Ambositra.

Ambositra possède un joli rova, mais sa population est restreinte; la ville est petite, même en comprenant les faubourgs; on y remarque une belle église catholique et de jolies constructions élevées par les Pères Jésuites: elles servent d'écoles.

Routes d'accès.

Aucune marchandise lourde ne peut venir de Tananarive au Vakin-Ankaratra. Par suite des frais de transport excessifs de Tamatave à Tananarive, les marchandises de Tananarive se vendent à un prix très-élevé; elles doivent subir une nouvelle majoration pour transport, risques et bénéfice du vendeur.

Une route directe desservant Antsirabé et Betafo devrait partir du port de Mahanoro (un peu au Nord de l'embouchure du Mangoro); un sentier indigène conduit, paraît-il, de la mer (vers Mahanoro), au Vakin-Ankaratra, mais il est peu connu et n'est pas fréquenté; cette voie est à étudier et à ouvrir.

Pour l'instant, les communications se font par le Sud, soit avec Fianarantsoa, soit directement avec le port de Mananjary.

La route la plus suivie emprunte le parcours de la route de Mananjary à

Fianarantsoa, entre Mananjary et Ranomafana ; de là, coupant au nord-ouest, elle rejoint à Ambohimasoa la route de Fianarantsoa à Ambositra et Antsirabé.

Les Porteurs.

Les porteurs manquent à Mananjary. Il est difficile d'en faire descendre sans charge d'Antsirabé pour prendre les colis qui attendent à Mananjary, car le trajet est long et la fièvre décime les convois avant leur arrivée au port. Ceux qui peuvent se procurer des bourjanes les payent 20 fr. pour une charge de 80 livres, pour deux dames-jeannes ou pour 24 bouteilles de vin ; le prix est en réalité de 22 fr., car 1 fr. par homme est alloué au recruteur, et 1 fr. au commandeur du convoi.

On pense que si une route existait de Mahanoro à Antsirabé, les bourjanes d'Antsirabé pourraient descendre et monter pour un karama de 7 fr. 50 par voyage simple.

Commerce avec le Sakalava.

Antsirabé fait quelque commerce avec les Sakalaves de l'Ouest.

Les échanges sont traités par l'entremise de Hovas qui se sont faits frères de sang avec des Sakalaves et ont ainsi accès dans leurs camps.

Les Sakalaves ne sont pas des clients difficiles, ils prennent ce qu'on leur offre ; ils ont peu de préférences : tout leur fait envie, mais il leur faut du nouveau, toujours du nouveau.

Lorsque les premières pièces françaises de 0 fr. 20 en argent furent portées chez eux, il se les disputèrent : c'était nouveau.

La perle dorée a eu son moment de faveur, comme le faux corail, mais actuellement ils veulent du vrai corail.

Ils sont acheteurs de poudre de traite dont ils consomment une grande quantité parce que leur plaisir est de tirer tous les soirs des coups de feu. Il achètent également du tabac et des balances.

Les tissus qui leur conviennent sont les cotonnades imprimées, teintes ou tissées teint.

A citer :

Le *Doboani*, cotonnade quadrillé bleu coupé de raies, coupes de 31 inches sur 88 inches (0 m. 78 c. sur 2 m. 23 c.) ;

Le *Muscat Cloth*, autre tissu quadrillé bleu ou rouge, coupes de 23 inches sur 85 inches (0 m. 58 c. sur 2 m. 15) ;

Le *Doboani Muscat*, tissu quadrillé bleu, coupes de 25 inches sur 108 inches (0 m. 63 c. sur 2 m. 74 c.) ;

Le *Burraha*, tissu à petites rayures bleues, coupes de 23 inches sur 85 inches (0 m. 58 c. sur 2 m. 15 c.) ;

Le *Schaterbasi Rariati*, tissu quadrillé bleu, coupe de 19 inches sur 70 inches (0 m. 48 c. sur 1 m. 77 c.) ;

Le *Djavi*, tissu à rayures rouges fondues en écossais, coupes de 23 inches sur 85 inches (0 m. 58 c. sur 2 m. 15 c.) ;

L'*Ismaïli Muscat*, tissu bleu à bordure soie rayée, coupes de 21 inches sur 74 inches (0 m. 53 c. sur 1 m. 87 c.) ;

Le *Kikoy Bendera*, pour simbo, coupes de 21 inches sur 82 inches (0 m. 53 c. sur 1 m. 82 c.) ;

Le *Jam-Kikoy*, pour simbo, tissu à double bordure, coupes de 40 inches sur 66 inches (1 m. 01 c. sur 1 m. 67 c.) ;

Le *Baronadja*, tissu à grandes raies sur fond rouge, coupes de 23 inches sur 83 inches (0 m. 58 c. sur 2 m. 10 c.) ;

Le *Baronadjil*, tissu fond rouge, à bordure rouge, coupes de 21 inches sur 87 inches (0 m. 53 c. sur 2 m. 20 c.) ;

Le *Sabaya Msuri*, tissu quadrillé et rayé, coupes de 21 inches sur 87 inches ;

Le *Burra Muscat*, tissu fond bleu, à bordure triple, coupes de 27 inches sur 72 inches (0 m. 68 c. sur 1 m. 82 c.).

La *guinée* et les *pagnes de l'Inde*.

J'ai mentionné plusieurs de ces cotonnades dans mon premier rapport (voir : Commerce des cotonnades imprimées, § 32, Kitamby).

En échange de ces tissus et de ces marchandises, les Sakalaves ne peuvent donner des bœufs, qui seraient certainement volés en route en traversant les terrains déserts de la zone du Betsiriry ; ils donnent de la poudre d'or.

Le commerce en pays Sakalava est très-pénible pour tous ceux qui ne sont pas frères de sang de Sakalaves puissants. Tout voyage dans ces régions est également très-périlleux. Pour traverser un village, il faut en obtenir l'autorisation et les chefs la font attendre parfois plusieurs jours. Aussi faut-il pouvoir perdre beaucoup de temps et se pourvoir de beaucoup de vivres ; il est bon d'être armé pour se garantir contre les vols ; des embuscades sont toujours à craindre.

L'or d'alluvion se trouve en abondance vers le Betsiriry, au seuil du Bongo-Lava (flanc ouest du Plateau central) ; la chaîne du Bemaraha, située 100 kilomètres plus à l'ouest, est encore plus riche en or que la chaîne du Bongo-Lava ; mais, outre que les Sakalaves menacent la sécurité des voyageurs, la zone comprise entre les deux chaînes est si fiévreuse, que les porteurs refusent de la traverser ; les Norvégiens, qui ont tenté de s'établir dans cette région sont tous morts des fièvres.

De même qu'Antsirabé, Ambositra commerce avec le Sakalava; la route fluviale du Mania étant impraticable, le commerce suit la piste terrestre d'Ambositra à Midongy; cette route est plus sûre que celle du Betsiriry, aussi peut-on y faire passer les bœufs que les Sakalaves amènent jusqu'au poste de Midongy (jadis occupé par un gouverneur hova); le commerce des bœufs semble très-avantageux; le bœuf acheté à Midongy 7 fr. 50 (1 piastre 1/2) se revend à Tananarive de 17 fr. 50 (3 p. 1/2) à 27 fr. 50 (5 p. 1/2); les indigènes, qui achètent 500 bœufs à la fois peuvent ainsi réaliser sur chaque opération un bénéfice de 5,000 à 10,000 fr.

Les Norvégiens.

Les Norvégiens ont établi plusieurs colonies à Madagascar; ils ont une mission à Tananarive, une autre à Fianarantsoa; de nombreuses missions dans le Vakin-Ankaratra, notamment à Antsirabé, à Betafo; des missions dans le Betsileo (outre Fianarantsoa, Fihasinana, etc.); des missions chez les Tanala (à Ambohimanga); des missions chez les Taisaka (à Vangaindrano, Manambondro, Benamoremana); des missions chez les Bara (à Ihosy, à Ivohibé); des missions chez les Sakalaves du sud-ouest (à Tullear, Manombo, Morondova).

A Antsirabé, et probablement dans les autres missions, les Norvégiens sont un danger.

Ils sont en réalité agriculteurs et fermiers, se livrent à la culture (riz en première ligne) et à l'élevage (bœufs); la religion n'est pour eux qu'un moyen. Par le temple, ils tiennent toute la population indigène et surtout les chefs du peuple. Aussi ne manquent-ils jamais de travailleurs et de porteurs, et sont-ils assez puissants pour empêcher le commerce local de trouver un seul bourjane, s'ils ont intérêt à paralyser, à un moment déterminé, le commerce du pays.

Leurs agissements doivent être surveillés étroitement; ils se sont entendus avec les missions de Londres (Méthodistes) pour que le Vakin-Ankaratra soit abandonné à leur seule influence.

Commerce des Cotonnades écrues.

La cotonnade écrue vendue à Antsirabé et Betafo vient d'Ambositra, où deux maisons étrangères ont des agences; la maison anglaise Procter Brothers, et la maison allemande Soost et Brandon.

Avant l'attaque d'Antsirabé (mai 1896), la maison Soost et Brandon avait un représentant à Antsirabé; elle n'en a plus, mais semble, comme la maison Procter Brothers, vouloir ouvrir de nouveaux comptoirs dans le Vakin-Ankaratra.

La vente de la cotonnade écrue parait atteindre le chiffre de 900,000 fr. à 1,000,000 fr. par an pour le Vakin-Ankaratra (Ambositra, Antsirabé et Betafo).

De toutes les cotonnades, la plus demandée est le Cabot A ; quand le prix de la balle revient à 68 piastres à Tamatave, la même balle revient à 98 piastres à Antsirabé ; les frais de transport par Mananjary atteignent donc 30 piastres (150 francs) par balle, soit 6 fr. par pièce de 40 yards.

La toile anglaise s'écoule plus difficilement.

Commerce des Cotonnades blanchies.

Il ne se vend que peu de cotonnades blanchies dans le Vakin-Ankaratra ; alors que la vente de l'écru dépasse 900,000 fr. par an, la vente de tous les autres tissus réunis n'atteint pas 60,000 fr

Commerce des Cotonnades imprimées.

Les indigènes du Vakin-Ankaratra, les femmes surtout, achètent tout ce qui est nouveau, même si elles n'ont aucun besoin. Pour leur plaire, il faut, en imprimé, des dessins vifs, une toile un peu épaisse ayant de la main et étant très-bon teint ; il est indispensable que la teinte ne change pas au premier lavage ; un tissu bon teint garanti peut se vendre un peu plus cher que du tissu non garanti et fait la réputation d'une maison.

Commerce des Lainages.

Les couvertures peuvent se vendre en juin (saison fraîche) ; leurs couleurs doivent être vives avec de belles rayures de préférence ; elles peuvent se vendre de 6 à 14 fr. .

Les couvertures de coton devraient être, pour plaire, très-plucheuses.

Les bas se vendraient pour femmes et surtout pour hommes.

Commerce des Cuirs et Chaussures.

Les indigènes apprécient la supériorité des chaussures vazaha sur les chaussures de fabrication malgache ; aussi sont-ils acheteurs, mais il leur faut des genres bon marché.

Leur pointure va du 39 au 43 pour les hommes, du 35 au 39 pour les femmes ; les gens du Vakin-Ankaratra portent aussi des chaussures généralement plus longues que les Hovas de Tananarive.

La chaussure m'amène à parler de la coiffure; le chapeau de feutre bon marché (à vendre 4 fr.) est un article qui aurait un grand écoulement; les indigènes demanderaient de larges bords, les gouverneurs comme les notables des bords étroits qu'ils pensent être davantage dans les goûts européens; ils tiennent à se vêtir d'une impeccable façon.

Commerce des Vins et Alcools.

Les officiers des gouverneurs, et les gouverneurs malgaches commencent à acheter de la farine pour faire du pain, à acheter du vin. Ils ne demanderaient, à Antsirabé, qu'à acheter du rhum, mais la vente en est interdite aux indigènes, qui se rabattent sur les liqueurs, en première ligne sur le pippermint et la menthe; ils affectionnent tout ce qui est fort et sucré. Il est à craindre que l'interdiction de la vente du rhum de bonne fabrication mauricienne ou bourbonnaise n'amène les Malgaches de la Résidence d'Antsirabé à boire leurs toaka indigènes et leurs betsabetsa, qui sont de funestes poisons.

A Ambositra, la vente du rhum est autorisée et il s'en vend de petites quantités.

Commerce des Eaux minérales.

Quelques caisses d'eau de Vichy ont été expédiées de France à Antsirabé.

Le fait est singulièrement étrange, car Antsirabé possède des sources thermales, dont la composition est identique à celle des eaux de Vichy.

Ces sources très-nombreuses sont groupées au sud et à l'ouest de la ville.

Les sources du sud sont les sources où l'on boit; les sources de l'ouest, celles où l'on se baigne.

Ces sources chaudes ont une température de 36° à 41°. Une analyse norégienne donne aux eaux de la source où l'on puise l'eau à boire la composition suivante :

Bicarbonate de soude	4 gr.	6668
Carbonate de fer	0	0028
Carbonate de chaux	0	0814
Sulfate de chaux	0	2943
Chlorure de potasse	0	8165
Chlorure de magnésium	0	2827
Chlorure de soude	0	2269
Silicate (provenant de la bouteille)	0	1304
	6 gr.	0018

Cette composition se rapproche de celle des eaux de Vichy, puisque la source Grande-Grille contient 4 gr. 888 de bicarbonate de soude par litre. Aussi les Européens ont-ils nommé les eaux du sud « Eaux de Vichy » et les indigènes disent « Rano Visy ».

La source, où l'on va puiser l'eau que l'on boit à Antsirabé ou que l'on expédie en dames-jeannes à Tananarive, a été captée et une case a été élevée au-dessus du puits de captage; tout à l'entour bouillonnent d'autres sources; à 20 mètres de la source captée est un rocher isolé, un bloc de 4 mètres d'élévation sur 6 mètres de base; à son sommet jaillit une source chaude.

Une douzaine de cases ont été élevées sur les sources de l'ouest; dans chaque case se trouve une sorte de piscine d'eau chaude courante et l'on prend des bains par ablutions.

On dit que les eaux d'Antsirabé sont bonnes en boisson pour la dyspepsie, l'ulcère gastrique, la gastrite chronique, l'entérite chronique, la laryngite, la bronchite chronique, la cystite, les maladies du foie, la gravelle, la goutte, le diabète; en bains pour les rhumatismes, l'arthrite, la goutte, les exsudats pelviens, les névralgies, les hyperesthésies, les spasmes, la phthisie dorsale, la paralysie.

Produits du Pays.

La culture est très-développée dans le Vakin-Ankaratra.

La culture du riz vient naturellement en première ligne; la récolte a été de tous temps si abondante qu'aux époques où le riz valait 0 piastre 20 centièmes (soit 1 fr.) la mesure de 22 litres à Tananarive, il se vendait 0 p. 6 centièmes (0 fr. 30 c.) seulement dans le Vakin-Ankaratra; avec la crainte de disette, qui a un instant pris consistance à la fin de 1896, les prix ont de beaucoup monté; à Tananarive, la mesure de 22 litres, le Fehenimbary, a atteint 4 fr. et 4 fr. 20 c., mais la différence entre les prix de Tananarive et ceux d'Antsirabé est demeurée dans la proportion ancienne; si des moyens de communications économiques étaient créés, le Vakin-Ankaratra, malgré la grosse consommation de sa si dense population, pourrait exporter des quantités notables de riz.

La culture du manioc, culture pauvre, est négligée en faveur de la culture de la pomme de terre, du haricot, du chanvre qui vient à merveille dans les terrains volcaniques de Betafo, du tabac, qui donne lieu à un important trafic; le maïs et la canne donnent de bons résultats; la culture du blé a été tentée et a très-bien réussi; le café ne devrait pas être négligé, car les plateaux en fournissaient jadis de grosses quantités à l'exportation, et ce produit est d'un bon rapport quand on sait lui donner les soins qu'il exige.

Les bœufs à bosse sont nombreux ; plus nombreux encore les cochons.

Le Vakin-Ankaratra exporte des peaux de bœufs : à Ambositra les deux agences de cotonnades qui font une partie de leurs remises en peaux, les salent, et, pour éviter les rides qui déprécient la marchandise, les tendent dans des cadres où elles se sèchent.

Les colons européens devront porter leur attention sur le tannage des peaux, plutôt que sur la filature du chanvre et l'industrie de la soie ; ils trouveraient avantage à la fabrication de la chaux, qui se traite déjà sur la montagne d'Ambatofangehana, à la fabrication des tuiles et des briques.

J'ajouterai que certaines parties du Vakin-Ankaratra sont très-riches en produits miniers ; les mines de cuivre d'Ambatofangehana (prononcer : Ambatou-Fanguène) ont été exploitées par le gouvernement malgache il y a quelques années et leur concession est actuellement demandée simultanément par plusieurs sociétés financières françaises.

Conclusion.

En résumé, le Vakin-Ankaratra est une zone très populeuse, pouvant fournir à l'exportation des produits nombreux et variés dès que nous aurons fait œuvre de colonisation en créant des voies de communication rapides et économiques et en dirigeant le travail de la terre. Dès que cette zone exportera, elle augmentera ses achats, qui pourront monter à plusieurs millions de francs.

Henri MAGER.

LE VAKIN-ANKARATRA

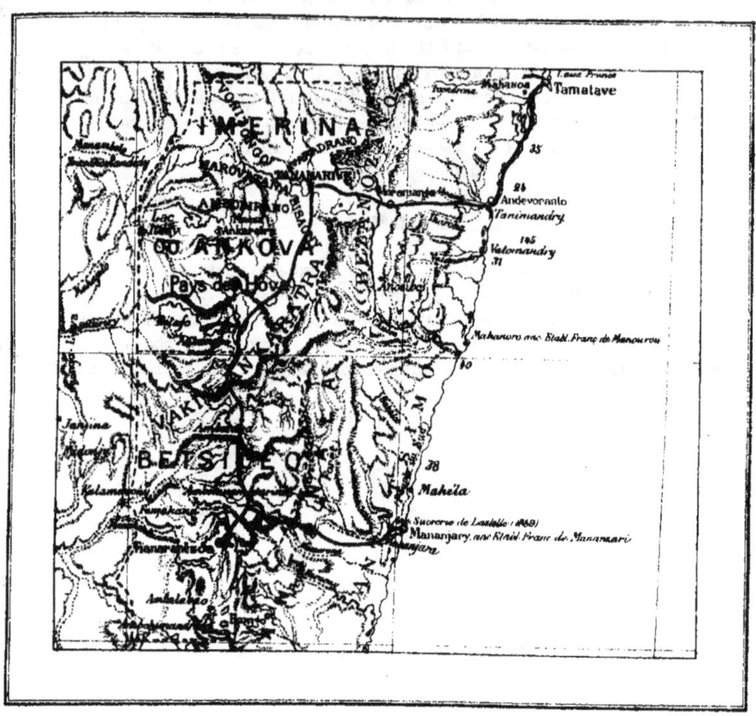

— Itinéraire parcouru par M. Henri MAGER d'Octobre 1896 à Février 1897

IIIᵉ

RAPPORT SOMMAIRE

SUR LE

COMMERCE DE MANANJARY

De la Zone Antambaheaka et Tanala, du Plateau Betsiléo

ORDRE DES RENSEIGNEMENTS

1° Mananjary.

2° Zone côtière.

COMMERCE DE MANANJARY

De la Zone Antambahoaka et Tanala, du Plateau Betsiléo

I.

MANANJARY

Services maritimes desservant Mananjary.

Mananjary est situé sur la côte sud-est, par 21° 14' de latitude, à 30 kilomètres au sud de Mahela, à 75 kilomètres de la bouche de la rivière Sakaleo, qui a pour principal affluent la rivière de Sahavato, à 45 kilomètres au nord de la bouche du Namorona, à 60 kilomètres de la bouche du Faraony, rivière de Sasinaka.

La ville européenne est assise sur la langue de terre qui resserre au nord le Vinany (pr.: vinangue) ou bouche du Mananjara, cours d'eau très-important qui descend des hauts de Sarahanony et est en tous temps navigable à partir de Tsiatosika, en face Tsarahafatra, à 15 ou 16 kilomètres de la mer.

Plusieurs villages indigènes sont groupés au nord et à l'ouest de la ville européenne, qui est bâtie sur l'emplacement de l'ancien village de Masindrano (vers le sud) et de Nivetana (quartier du marché); ce sont : à l'ouest, Ankadisana et Nosy-Akoho (village des bateliers), au nord-ouest Ambily, et au nord Tanamvao.

Bien que les communications entre Mananjary et sa rade foraine soient fort souvent rendues difficiles par la violence de la barre, ce centre a de tout temps fait un important commerce.

C'est par ce port que sont exportés les produits de la zone côtière Antambahoaka, de la zone forestière Tanala, des plateaux Betsiléo, comme des plateaux du Vakin-Ankaratra.

C'est par ce port que sont importées les marchandises destinées aux mêmes régions.

Il fut un temps où une partie des marchandises d'importation venaient par bourjanes de Tamatave; actuellement toutes les importations de la zone se font comme les exportations par voie de mer.

Jadis deux Compagnies de navigation anglaises desservaient la côte sud-est: l'Union Line et la Castle Line. L'Union Line touchait régulièrement Mananjary, et la concurrence assurait des frets bon marché.

Lorsque la Castle Line s'entendit avec l'Union Line et amena cette Compagnie à renoncer à la ligne de Madagascar (voir mon Premier Rapport, § 1°) le fret monta à un taux qui est demeuré très-lourd.

Le commerce français du sud appelle de tous ses vœux l'établissement d'une ligne française concurrente, régulière, prenant du fret à un taux modéré pour les ports de France. Plusieurs Compagnies de navigation métropolitaines ont offert au Ministère des Colonies, d'ouvrir la ligne « de la côte-est », pour desservir tous les ports entre Diégo-Suarez et Fort-Dauphin. Malheureusement ces Compagnies ont demandé de fortes subventions, sous le prétexte qu'un ancien Résident-Général de Madagascar a créé en 1888 la ligne de la côte-ouest moyennant, pour un service mensuel, ou plus exactement pour onze voyages par année entre Nossi-Bé et Nosy-Vé (830 milles), une subvention annuelle de 83,125 fr. payée aux Messageries Maritimes; le traité signé entre le Ministre des Affaires étrangères et cette Compagnie le 26 juillet 1888, stipule que la durée de la concession sera de neuf années, que la Compagnie pourra recevoir paiement anticipé des annuités; en fait, les neuf annuités ont été soldées de suite, par anticipation, à la Compagnie qui s'est engagée à rembourser l'Etat proportionnellement en cas de résiliation du contrat.

Ayant été appelé à donner mon avis en ce qui concerne les conditions d'établissement de la ligne de l'est, j'ai combattu le principe d'une subvention; la subvention est une somme, souvent considérable, que paye l'Etat, non pas inutilement, puisqu'un service nécessaire est assuré, mais sans recevoir aucun avantage matériel. A la subvention, je préfère — pour une ligne dont les profits sont au début incertains et qu'une Compagnie sérieuse hésiterait à entreprendre — une garantie de transport; l'Etat doit prendre une sorte d'abonnement à forfait pour le transport d'une quantité déterminée de tonnes de matériel et pour le passage d'une quantité déterminée d'agents civils et militaires, ou de bénéficiaires. Par cette combinaison, le concessionnaire se voit garantir le minimum de recettes qu'il veut s'assurer pour tenter l'opération, et l'Etat ne paye que le service matériel à lui rendu.

La Castle Line, de Londres, est donc pour l'instant, pour peu de temps, nous assure-t-on, l'unique service régulier de vapeurs, desservant les ports du sud, Fort-Dauphin, Mananjary, Vatomandry.

Avant la création des services anglais de Londres, Mananjary recevait un assez grand nombre de voiliers de Maurice; les Etats-Unis et l'Angleterre expédiaient à Maurice les marchandises destinées à Madagascar, et Maurice réexpédiait. Depuis, le commerce s'est fait directement entre les ports du sud et l'Angleterre. Néanmoins jusqu'à ces derniers temps (octobre 1896), quelques voiliers de Port-Louis apportaient le rhum de Maurice; depuis que l'établissement d'une taxe de 120 fr. sur les alcools a suspendu la vente des rhums, le mouvement maritime s'est arrêté complètement avec Maurice.

Taux des Frets.

La Castle Line avait un taux différent pour les frets d'Europe à Madagascar-sud ou de Madagascar-sud vers l'Europe. Elle avait calculé que si les importateurs de Mananjary chargeaient à Londres sur l'annexe des Messageries Maritimes (voir Premier Rapport, § 1º), ou au Havre, ils auraient à payer :

Fret d'Europe	50 fr.	»	ou 60 fr.	»	la tonne.
Frais accessoires (variables)	»	»	»	»	—
Débarquement à Tamatave	2	50	2	50	—
Fret pour Mananjary	25	»	25	»	—
Débarquement à Mananjary	10	»	10	»	—
Soit de	87 fr. 50		à 97 fr. 50 la tonne.		

Les frais s'élèveraient ainsi net à 100 fr. la tonne.

La Castle Line a, dans ces conditions, fixé le taux de son fret actuel pour Mananjary à 65 schillings + 10 0/0, soit 81 fr. 25 + 8 fr. 12 = 89 fr. 37, net 90 fr. Nous avons vu que pour Tamatave où elle redoutait la concurrence française, elle a souvent chargé pour 47 schillings 6 d. + 10 0/0, soit 65 fr. 87.

Les négociants de Mananjary qui ont essayé la voie anglaise directe et la voie française avec transbordement à Tamatave, ont constaté que la voie anglaise présentait d'ordinaire un avantage de 10 fr. par tonne.

La voie française présente un inconvénient plus grave que cette différence de 10 fr.; les goëlettes de Tamatave, qui veulent descendre dans le sud, sont fort souvent contrariées et immobilisées par les vents du sud, qui soufflent à partir de mars.

Le fret de retour par la Castle Line était pour Londres de 55 schillings + 10 0/0, c'est-à-dire 68 fr. 75 + 6 fr. 87 = 75 fr. 62.

La Castle Line ne craignait pas la concurrence des paquebots français touchant Tamatave. Si le fret de Tamatave par les Messageries n'est en général pour les cuirs (aux 1,000 kil.), la cire (aux 900 kil.), le raphia (aux 800 kil.), le crin végétal (aux 800 kil.), que de 60 fr. pour la France, 65 fr. pour l'Angleterre, les transports vers Tamatave s'ils étaient favorisés par les vents du sud coûteraient 37 fr. 50; le transport revient ainsi à 97 fr. 50 pour la France, à 102 fr. 50 pour l'Angleterre.

La Castle Line devait compter avec les voiliers de Maurice, rares aujourd'hui, il est vrai, mais dont le fret n'est que de 15 fr.; pour Maurice 15 fr.; pour l'Europe 60 fr., taux du fret pour l'Europe, 75 fr., plus les frais de transbordement à Maurice. Pour lutter, la Castle Line traitait à 75 fr. 62.

Pour disputer le fret aux Compagnies anglaises, les Compagnies françaises ont chargé à Maurice à 50 fr. la tonne.

Une raison, qu'il importe de retenir, a fait encore préférer par les exportateurs de Mananjary la voie anglaise à la voie française; les peaux et le caoutchouc sont mal cotés à Marseille, tandis que les offres du marché de Londres sont avantageuses.

Routes de Mananjary vers l'intérieur.

De Mananjary, les marchandises importées sont dirigées sur quelques grands marchés, peu nombreux, mais dont l'importance est fort considérable.

Ce sont : 1º vers le nord-ouest Sahavato; 2º vers le sud-ouest Sasinaka; 3º vers l'ouest Fianarantsoa et quelques points de la route reliant Mananjary à Fianarantsoa, notamment Tsiatosika, Sarahanony, Ankaramaso.

Mon Troisième Rapport parle du mouvement d'échanges entre Mananjary et le Vakin-Ankaratra.

Route vers Sahavato.

C'est par eau que Mananjary communique avec Sahavato (distance 100 kilomètres). Les pirogues de une et deux tonnes qui transportent les marchandises se dirigent au nord par la rivière et, après trois quarts d'heure, atteignent le pangalana (isthme); il faut transporter à dos d'homme tous les colis; la traversée de l'isthme demande environ 25 minutes, à moins que les eaux ne soient basses et qu'il faille aller au-delà du point ordinaire de rembarquement; on compte toujours une journée pour le travail de transbordement d'une pirogue chargée ; un canal conduit jusqu'au lac Rangazava et à Mahéla.

Dans certaines saisons, ce canal manque d'eau ; il faut alors aller par mer en chaland ponté de Mananjary à Mahéla, en profitant des vents du Sud, car le voyage serait impossible par vents Nord-Est. Les chalands employés à ces trajets portent quatre tonneaux ; les hommes qui les montent sont payés 2 fr. 50 c. par tète et le patron 5 fr.

Au-delà de Mahéla, les voies fluviales sont toujours praticables ; le canal intérieur qui longe la côte, est suivi jusqu'à Fanivelona (au sud de Sakaleo), d'où les pirogues se dirigent par le Sakaleo jusqu'à son affluent, le Sahavato ; les grandes pirogues sont déchargées à cinq minutes au-delà du confluent ; les petites pirogues peuvent remonter plus haut et être traînées dans les rapides si le patron connaît bien la rivière et la position des roches couvertes ; le village de Sahavato est à 20 minutes du débarcadère. On peut aller en trois jours du pangalana à Sahavato ; néanmoins les pirogues chargées mettent 10 à 12 jours pour effectuer le voyage d'aller et retour ; les hommes sont payés 0 p. 75 centièmes (3 fr. 75 c.) pour l'aller et le retour et la nourriture en plus (riz et eau).

Route vers Sasinaka.

Un autre canal, sorte de prolongement du précédent, s'étend vers le Sud, parallèlement à la mer, de Mananjary au Faraony. Au delà du Vinany du Mananjara, un premier pangalana est à franchir ; puis le canal forme le lac Ranomavoay, le lac Ranobé, le lac Manerinerina, le second lac Ranobé, et coupe la rivière de Namorona, avant d'être coupé lui-même par le pangalana de Loholoka, qu'il faut une heure ou une heure et demie pour franchir à pied ; au-delà, le canal se prolonge jusqu'au fleuve Faraony. Ces 60 kilomètres se franchissent en deux jours et demi pour les pirogues ne portant pas de marchandises.

Les pirogues s'engagent dans le Faraony pour le remonter et celles qui ne portent que des voyageurs peuvent, pendant la saison des hautes eaux, atteindre Sasinaka en deux jours ; pendant la saison sèche, la pirogue touche fréquemment sur les bancs de sable ; il faut la dégager, de là un retard dans le voyage.

Route vers Fianarantsoa.

La première section de la route montant vers Fianarantsoa emprunte, entre Mananjary et Tsarahafatra (en face de Tsiatosika), sur 15 ou 16 kilomètres la voie du Mananjara.

Ce trajet s'effectue en pirogues; la rivière ayant un très-fort courant, vers son embouchure principalement, la traversée n'est pas sans danger; des accidents fréquents l'ont prouvé; il serait à désirer que l'Administration, qui dispose de si nombreuses canonnières, établisse l'un de ces petits vapeurs sur le Mananjara pour effectuer un double service quotidien entre Mananjary et Tsarahafatra, en desservant Tsiatosika.

Au delà de Tsarahafatra, le Mananjara n'est plus navigable toute l'année et sur une grande partie de son parcours est semé de rochers. Néanmoins les pirogues de commerce remontent à la saison des hautes eaux jusqu'à Sarahanony et de ce centre descendent des produits du pays et de la forêt jusqu'à la côte; les patrons de ces pirogues doivent très bien connaître la rivière et les trouées de ses rapides pour éviter d'être brisés à tout instant.

La voie de terre se dirige à travers une zone de collines herbeuses vers le pic d'Ivato-Vavy, qui est visible de la mer, et après l'avoir contourné, atteint Sarahanony, appelé plus communément dans le pays Safondrano (prononcez Chafoundrane). Puis, traversant tantôt des herbages, tantôt des brousses, tantôt des bois clairs ou des bois serrés, chauds et humides, montant par d'invraisemblables pentes, suivies de descentes aussi raides, mais plus courtes, à 120, 240, 420, 230, 245, 565, 720, 600, 740 mètres, passant du bassin du Mananjara dans le bassin du Namorona, coupant Ranomafana (eaux sulfureuses) où la forêt commence, montant à 1,120 mètres à Kiokio, d'où l'Ivato-Vavy est visible à 60 kilomètres dans l'Est, puis à 1,280 mètres près de Savondronina (fin de la forêt), et un peu au-delà franchissant la ligne de faîte, rebord des plateaux du Sud, à 15 kilomètres d'Alakamisy, à 43 kilomètres de Fianarantsoa.

Entre Fianarantsoa et Tsarahafatra, la distance est de 185 kilomètres, selon l'Annuaire de Madagascar. J'ai mis trente-sept heures et demie pour franchir cette distance; mes bourjanes ont ainsi marché à une allure dépassant 5 kilomètres à l'heure, puisque dans ces trente-sept heures et demie sont compris les temps de halte pour achat de manioc ou de riz et d'arrêt pour prise de clichés photographiques.

Comment se vêtissent les indigènes de la Côte et du Plateau.

La zone côtière est peuplée (du Namorona au Mangoro) par les Antambahoaka, qui comme leurs voisins du Sud, les Antaimoro, sont d'origine arabe; ils sont mêlés aux Betsimisaraka du Sud (ou Antatsimo), qui sont fort nombreux.

Le vêtement des hommes se compose pour les travailleurs et les porteurs du salaka en cotonnade et d'une blouse en rabanne, lo salaka composant

Salaka (d'un enfant betsiléo d'Alakamisy).

Blouse et Lamba (mes porteurs betsiléos).

parfois tout le costume de la journée; un lamba en cotonnade sert la nuit de couverture; les commerçants et les notables se vêtissent du salaka et du lamba, avec souvent une chemise en cotonnade écrue; ils ont tendance à porter des débris de chapeaux de paille.

Les pièces composant le vêtement de la femme sont: la chemise en cotonnade, le canezou (camisole étroite) en blanchi ou en indienne, la toile d'entourage le plus souvent en rabanne large, quelquefois en blanchi (jupon) ou en indienne et le kitamby en indienne. De ces quatre pièces une ou deux manquent fréquemment, soit la chemise, soit le canezou ou la chemise et le canezou, selon la condition de la femme. La seule pièce irréductible est la toile d'entourage qui, lorsqu'elle est seule, est toujours en rabanne et assez large pour couvrir des seins aux chevilles; la femme qui porte un canezou attache sa toile d'entourage en rabanne à la taille en la repliant.

Au-delà de la zone côtière, en avant des forêts et dans les forêts habitent les Antanala, que la prononciation locale désigne sous le nom d'Antangale. J'ai vu dans cette zone des femmes très coquettement vêtues : canezou rouge sans manche sur canezou blanc à manche, jupe en blanchi, toque en paille sur la tête. La plupart des femmes tanala ne portent cependant que la toile d'entourage en rabanne ordinaire ; à la différence des femmes de la côte, elles ne se couvrent pas les seins : elles ne remontent la rabanne que lorsqu'elles aperçoivent un Européen. Les hommes portent le lamba.

Femmes Tanala.

Dans le Betsiléo, le vêtement est parfois dans les campagnes aussi primitif que chez les Tanala ; dans les villes, le vêtement est plus complet et certaines femmes portent le lamba de coton tissé dans le pays avec des lambas européens défibrés.

Importations de Mananjary.

Mananjary importe, pour ne citer que les articles principaux :
Des cotonnades écrues ordinaires, larges et étroites ;
Des cotonnades écrues à raies bleues croisées formant carreaux ;
Des cotonnades croisées écrues à petites raies bleues ;
Des cotonnades croisées couleur olive ;
Des cotonnades blanchies ordinaires ;
Des cotonnades blanchies croisées ;
Des cotonnades imprimées, indienne et patna ;
Des cotonnades teintes ;
Des assiettes et bols en fer émaillé ;
Des assiettes et bols en porcelaine enluminée ;
Du sel ;

Du rhum;

Et diverses marchandises à l'usage plus spécial des Européens : vins, liqueurs, conserves, lait, chaussures.

Commerce des Cotonnades écrues.

Se sont établies à Mananjary et font le commerce en gros des cotonnades, pour ne citer que les plus importantes maisons :

1° La maison américaine Ropes et C° :

2° Les maisons anglaises Procter Brothers, Laroque et C°, Trouchet et C° ;

3° La maison allemande Soost et Brandon.

Trois ou quatre maisons françaises vendent également des cotonnades d'origine étrangère.

Les cotonnades écrues anglaises (imitation des genres américains), sont, près des populations pauvres de la côte et de la zone forestière, plus en faveur que les tissus américains, dont le prix est plus élevé.

Aussi ai-je constaté que la maison américaine Ropes et C°, au lieu de s'en tenir à la vente des marques si réputées dans l'Imerina, le Cabot, le Buckhead, le Blackhawk, le Massachussets C, le Bangor, offre en outre, sur la côte sud, d'autres marques d'un prix moins élevé.

Le Cabot n'est pas délaissé, bien que le goût local favorise les tissus bétaiparasy (à taches de puce), entre autres les marques américaines Napoleon Heavy, Sheeting et Brigton-Mills A de la maison Ropes et la marque américaine Hellion de la maison allemande Soost et Brandon.

Les marques anglaises sont innombrables dans les magasins de Mananjary, comme dans ceux de Tamatave : Akoulay, Kintana, Vodihety, Shirting (petite largeur), Antanosy, Antanala, Analakely, Alakinta, Goose Mills Shirting (petite largeur), Grey Domestic (de W. O'Swald et C°) etc.

Une série de cotonnades écrues rudimentaire, quoique suffisante à une bonne vente courante, peut consister en :

1° Cotonnade écrue, grande largeur, 36 inches (0 m. 91 c. 4), pièce de 40 yards (36 m. 57 c.), poids 14 livres (6 k. 803), 13 fils de trame et 13 fils de chaîne au quart de pouce français ;

2° Cotonnade écrue, genre betaiparasy, grande largeur, 36 inches, pièces de 40 yards, légèrement plus lourde que la précédente, 13 fils de trame et 14 fils de chaîne au quart de pouce français ;

3° Cotonnade écrue, petite largeur, 27 inches 1/2 (0 m. 68 c.), pièce de 40 yards, poids 8 livres 1/2 (3 kil. 854), 11 fils de trame et 11 fils de chaîne au quart de pouce français.

A côté de ces cotonnades écrues unies, se vendent à Mananjary des cotonnades à raies bleues croisées formant carreaux, de grands carreaux de 10 ou 15 centimètres de côtés ; les négociants indiens nomment ce genre Salime ou African Cheks et les Malgaches Mojanga mano soratra, c'est-à-dire Toile de Majunga à raies ; pièces de 24 yards (21 m. 94 c.), largeur 28 inches (0 m 71 c.) ou 30 inches (0 m. 76 c.) ; balles de 50 pièces. Les importateurs anglais ou indiens prétendent payer ce tissu, en Europe, 4 fr. 41 les 21 m. 94 c., soit 0 fr. 20 le mètre ; les frais de transport entre Londres et Mananjary (fret et assurance) chargent chaque pièce de 0 fr. 45 ; la pièce paye, à Mananjary, un droit d'entrée de 10 0/0, soit de 0 fr. 48.

La vente porte également sur divers croisés (drill) : sur un croisé écru rayé bleu (raies étroites espacées de 17 millimètres), pièces de 40 yards, largeur 0 m. 66 c. ; sur un croisé teinte olive, le kaki (ou drill coton fauve), largeur 0 m. 69 c.

Commerce des Cotonnades blanchies.

Vente plutôt faible ; mêmes marques qu'à Tamatave.

La cotonnade blanche croisée (drill blanc) est un article d'avenir qui se vendra beaucoup dans quelques années ; on peut prévoir que l'indigène des côtes laissera peu à peu le simbo en cotonnade imprimée pour se vêtir. comme le Vazaha, d'un pantalon et d'un veston blanc.

Commerce des Cotonnades imprimées.

Le patna se vend beaucoup plus que l'indienne, et c'est la maison allemande W. O'Swald et Cᵉ, qui fournit presque la totalité des patnas qui garnissent les cases des marchands indigènes des villages, notamment du gros village commerçant de Tanamvao (faubourg indigène de Mananjary).

J'ai établi (Premier Rapport, § 31, Patna) que le patna revient, rendu en magasin, au port, s'il est de 5 yards à 1 fr. 06 ; s'il est de 5 yards 1/2 à 1 fr. 16 ; le prix du demi-gros est à Tamatave, pour les 5 yards (4 m. 57 c.), de 1 fr. 20 ; pour les 5 yards 1/2 (5 m. 02 c.) de 1 fr. 32. A Mananjary, le prix du patna a été pendant plusieurs années de 3 à la piastre, c'est-à-dire de 1 fr. 65 ; il est actuellement de 4 à la piastre, c'est-à-dire de 1 fr. 25.

Commerce des Cotonnades teintes.

La cotonnade teinte en rouge est en faveur, le rouge étant une couleur très goûtée.

La guinée est moins recherchée.

Commerce des Cuirs.

L'indigène Antambahoaka et le Betsimisaraka sont encore trop pauvres pour adopter l'usage des chaussures ; ils marchent nu-pieds.

Il se vend néanmoins à Mananjary, par an, plus de 300 paires de chaussures de cuir et 600 paires de chaussures en caoutchouc (genre Lawn-Tennis).

Commerce des Tôles.

La ville européenne de Mananjary est couverte en tôle ondulée et la plupart des magasins sont construits en tôle ondulée posée sur charpentes toute cette tôle est de provenance anglaise.

Commerce de la Quincaillerie.

L'assiette et le bol émaillés, de fabrication française (fabrication Japy), sont peu vendables, malgré la concession de 15 0/0 dont la maison Japy a récemment fait bénéficier ses clients de Madagascar ; l'article allemand, qui commence à distancer de beaucoup l'article anglais, est vendu en quantités considérables ; s'il est plus faible et plus léger que l'article français, il est bien meilleur marché.

De Hambourg viennent avec les assiettes et les bols des cuvettes et des vases de nuit émaillés.

Comme je l'écrivais dans mon Second Rapport (Tananarive et l'Imerina), l'article émaillé mérite attention. Il est à souhaiter que des industriels français fabriquent pour l'exportation un article léger, inférieur peut-être, mais de 50 0/0 au-dessous des prix actuels.

Les assiettes et bols en porcelaine enluminée ou blanche viennent en grande partie de France (Lunéville).

Commerce des Rhums.

Depuis que la loi du 25 août 1896, rendue par la reine de l'Imerina, à ce moment reine fictive de Madagascar, a imposé dans les ports de l'île une taxe de 120 fr. par hectolitre d'alcool pur sur tout produit à base d'alcool importé, le commerce si important du rhum a été arrêté net.

Quand la loi royale de Ranavalo III a été promulguée, le rhum se vendait à Mananjary, comme à Tamatave, de 15 à 16 piastres (de 75 à 80 fr.) la barrique de 210 à 215 litres ; le prix dès le stock écoulé montera de 42 piastres à 45 piastres (210 à 225 fr.). En effet :

Prix d'achat à Maurice ou Bourbon, bon rhum coloré, la barrique de 215 litres, à 0 fr. 26.............................. 55 fr. 90

   La barrique vide.. 13   88

   Frais de transport (la tonne de 4 barriques se payant 12, 15, 18 piastres, suivant le taux du change, prix moyen 22 fr. 50.... 5   62

   Débarquement (pour 1/4 tonne)............................. 2   50

   Droits de Douane de 10 0/0............................... 7   79

   Taxe de 120 fr. par hectolitre d'alcool pur sur 215 litres, le rhum étant à 54°...................................... 139   32

   Frais au port d'embarquement et débarquement de 1 fr. 50 environ (*Mémoire*).

   Assurance (*Mémoire*).

Commission de 2 1/2 0/0 (*Mémoire*).

225 fr. 01

Les importateurs n'exagèrent donc pas lorsqu'ils prétendent que le rhum leur revient aujourd'hui, en entrant en magasin, à 225 fr. la barrique (c'est-à-dire à 45 piastres).

Le rhum qui revenait à 75 fr. sera augmenté de 140 fr. (139 fr. 32) et reviendra à 215 fr.

L'ancien rhum à 80 fr. reviendra à 220 fr., le bon rhum à 225 fr. Pour deux motifs, la loi du 25 août 1896 a enrayé le commerce du rhum :

1° D'abord, en élevant brusquement le prix du rhum dans la proportion de 350 0/0, elle a rebuté le revendeur et l'indigène, qui préfère des boissons meilleur marché ; depuis que le rhum (fortement additionné d'eau) est vendu par le détaillant 1 fr. 25 le litre, la vente est tombée des 9/10es ;

2° Ensuite, la Douane n'admettant l'entrepôt qu'à titre exceptionnel, la loi exige que les importateurs disposent de capitaux considérables pour payer le jour du débarquement ; un importateur ayant reçu de Maurice 700 barriques qu'il pensait pouvoir entrer avant l'application des taxes, s'est vu dans l'obligation de payer à la Douane, s'il débarquait, pour taxe et droits, 120,000 fr. ! A Mananjary, la maison Procter Brothers a débarqué 200 barriques : elle a dû payer 28,000 ou 30,000 fr. de taxes et droits (d'après le décompte qui précède, si elle avait acheté aux prix que j'indique, elle aurait dû à la Douane 29,400 fr.).

Le stock de Mananjary était de 300 barriques, au moment où la taxe fut appliquée. Le prix monta de 15 et 16 piastres (75 et 80 fr.), à 18 et 20 piastres (90 fr. et 100 fr.), à 30 piastres. Si les détenteurs du stock réalisent quelque bénéfice, ce bénéfice n'atteindra pas un chiffre considérable, et il faut mettre en regard la déconvenue de la maison Procter Brothers, et certainement de quelques autres, obligés, pour faire des rentrées de liquider immédiatement à 30 piastres (150 fr.) un rhum qui leur revient de 42 à 45 piastres (210 à 225 fr.).

Commerce des Vins et Liqueurs.

Mananjary est abondamment pourvu de vin rouge, une maison de Marseille ayant envoyé en consignation 1,200 dames-jeannes et la plupart des maisons de commerce en recevant à compte ferme de leurs correspondants.

Les indigènes du sud, suivant l'exemple de ceux de Tamatave, consommeront avant peu quelques gros vins : il leur faudra des genres Castelrich et Toro, qui se facturent en gros à 55 fr. et 65 fr. la barrique, soit de 0 fr. 22 à 0 fr. 28 1/2 le litre.

Pas de vins blancs en dame-jeannes sur place; quelques vins blancs en caisse, mauvais généralement et portant des étiquettes au nom des maisons anglaises de Bordeaux.

Quelques bons vins du Cap, fort chers d'ailleurs; whisky abondant; cognac mauvais; stocks en absinthe, eau-de-vie anisée, et autres liqueurs alcoolisées pour les indigènes.

Ces liqueurs, facturées en Europe à 4 fr. 75, 4 fr. 85, 5 fr., 5 fr. 50 les douze bouteilles ou les douze litres sont la plupart préjudiciables à la santé du consommateur ; il serait à désirer que tous les spiritueux entrant à Madagascar soient soumis à l'examen et au contrôle d'un Conseil médical ou Laboratoire colonial, qui interdirait l'entrée aux produits les plus dangereux; ce serait une mesure de salubrité et de protection utile ; le laboratoire devrait également porter son attention sur la qualité des quinine et bromure de potassium importés d'Angleterre.

Commerce des Conserves.

Les conserves de légumes, petits pois, haricots, asperges, viennent principalement de France; la vente en est fort restreinte.

Les conserves de fruits (abricots, pêches, poires) sont américaines; les confitures anglaises.

L'Angleterre fournit également le sel de table, le poivre, la moutarde.

Le lait suisse concentré est moins demandé que le lait pasteurisé en boîtes.

Commerce du Sel.

Le sel est, avec les cotonnades et le rhum, un important article d'importation.

Si, à Tamatave et à Vatomandry, le sel de Hambourg trouve encore preneur, dans le sud le sel du Midi est préféré ; le Malgache reproche au sel allemand d'être gris et de fondre mal ; il préfère le sel français qui est beau, blanc, bien cristallisé : les grains doivent être gros.

Exportation de Mananjary.

Mananjary exporte de la cire, des peaux et du caoutchouc, accessoirement du riz, du raphia, des haricots, du crin végétal, des sacs de rambo, de la gomme copale ; exportera du café et du cacao.

Des trois principaux articles d'exportation (cire, peaux, caoutchouc), lequel est le plus important ?

On a souvent répété qu'à Mananjary, comme à Sahavato, la cire est le premier article d'exportation.

Je ne pouvais contredire cette affirmation avant d'avoir jugé par moi-même.

Je suis certain aujourd'hui que la valeur des peaux exportées dépasse de beaucoup la valeur de la cire.

D'ailleurs les peaux descendent et se concentrent toute l'année au port, tandis que la cire n'a qu'une saison d'exploitation.

Les Peaux.

On peut estimer à 100,000, certains colons disent à 150,000, le nombre moyen des peaux exportées annuellement par Mananjary.

J'eus désiré avoir le chiffre officiel de l'exportation en 1896 ; je n'ai pu obtenir aucun renseignement à cet égard, ni près de la douane de Mananjary, ni près de la direction des douanes à Tamatave.

Les peaux exportées viennent pour une faible part de la zone côtière, la presque totalité vient des plateaux, c'est-à-dire du Vakin-Ankaratra et du Betsiléo, de cette immense région qui s'étend sur 250 kilomètres en latitude, d'Antsirabé à Ambohimandroso.

Si nous considérons que cette région de 250 kilomètres de diamètre est la plus riche des plateaux, que l'étendue totale des plateaux n'est que de 500 kilomètres, que le nord de l'île n'exporte pas, et que Mananjary ne fournit à l'exportation que 100,000 ou 150,000 peaux par an, il devient évident que l'exportation totale de Madagascar ne peut atteindre 1,000,000 de peaux — je l'affirmais déjà dans mon Premier Rapport, § 66 (Peaux de bœuf), — et que nous sommes loin de cette exportation de 10,000,000 de peaux, dont parlaient les statistiques américaines reproduites par les publications officielles françaises.

Les peaux se traitent toute l'année. Elles offrent deux aspects : les unes ont été séchées sur des cadres et sont unies ; les autres séchées à terre, d'après l'ancienne pratique, sont ridées.

Elles se vendent à Mananjary, comme à Tamatave, à 30 fr. les 50 kil. et payent à la douane un droit de sortie de 0 fr. 25 par peau ; ces peaux pèsent de 10 à 12 kil. chacune.

Elles ont été chargées jusqu'ici en totalité sur les paquebots de la Castle Line pour Londres. Deux motifs obligeaient les exportateurs à diriger leurs marchandises sur l'Angleterre :

1º Le fret pour Londres n'était que de 75 fr. 62 par tonne ; le fret pour Marseille serait revenu à 97 fr. 50 ;

2º Les peaux sont mal cotées à Marseille, elles y sont dépréciées, à cause de la bosse, dit-on ; à Londres elles se vendent mieux ; la première qualité est cotée de 4 d. à 5 d. par lb. (de 0 k. 453 gr.), soit de 92 fr. à 115 fr. les 100 kil., prix très rémunérateurs ; la seconde et la troisième qualité de 3 d. à 4 d. par lb., soit de 69 fr. à 92 fr. les 100 kil.

La Cire.

La valeur des peaux exportées annuellement par Mananjary oscille entre 600,000 fr. et 1,000,000 fr.

S'il est exporté 100,000 kil. de cire, la valeur n'en est dans les magasins de l'expéditeur que de 230,000 fr.

Il est fort douteux cependant que l'exploitation atteigne 100,000 kil. ; elle se rapproche plus probablement de 80,000 kil., de 60,000 kil., certains disent, mais ce chiffre est trop faible.

La cire ne s'achète et ne s'exporte qu'à époque déterminée ; si les indigènes commencent à en descendre des forêts en septembre et octobre (début de la saison des pluies), la traite ne s'ouvre réellement qu'à la Noël pour se prolonger jusqu'en avril, rarement mai.

La cire récoltée en décembre et janvier est de qualité inférieure et laisse à la fonte un très fort déchet, pouvant atteindre 50 0/0 ; la cire est meilleure à partir de février et le déchet, lors de la mise en pains, est bien moins élevé.

Pour la cire comme pour le caoutchouc, la Douane de Mananjary n'a pu me donner le chiffre officiel de l'exportation.

La cire brute, ou en pains, est, par Sahavato, Sasinaka, Sarahanony, descendue de la zone forestière des Tanala. Il fut un temps où elle se payait à Fianarantsoa 15 piastres les 100 livres (soit 150 fr. les 100 kil.) et à Mananjary 18 piastres les 100 livres (soit 180 fr. les 100 kil.); en 1896 la cire montait à 25 piastres les 100 livres (250 fr. les 100 kil.), et le cours de 30 piastres (300 fr. les 100 kil.) a été dépassé, faute d'entente entre les acheteurs; encore à ces prix ne pouvait-on acheter que des pains indigènes mal fondus, souillés de saletés, qu'il fallait gratter, et qui perdaient au nettoyage de 6 à 8 0/0.

Au début de 1897, le prix d'achat se maintenait à 23 piastres (115 fr. les 50 kil., 230 fr. les 100 kil.).

Si les pains achetés 23 piastres les 50 kil. à Mananjary peuvent laisser aux exportateurs un léger bénéfice, les pains achetés aux mêmes prix à Fianarantsoa ne sont pas exportables.

Leur prix de revient rendu à Marseille est facile à établir :

Pour 100 kil. de cire en pains.

Achat à 23 piastres les 50 kil., pour 100 kil.	230 fr.	»
Transport de Fianarantsoa à Mananjary par bourjanes	18	»
Taxe d'exportation (arrêté du 31 mai 1895)	20	»
Commissionnaire chargé de la réception et de la réexpédition à Mananjary	5	50
Frais d'embarquement par chalands pontés (1 fr. ou 2 fr.)	2	»
Fret par goëlette pour Tamatave	5	»
Débarquement et rembarquement à Tamatave	4	»
Commissionnaire chargé de la réception et de la réexpédition à Tamatave	5	50
Fret par vapeur, pour Marseille (60 fr. les 900 kil. et frais divers)	7	»
Droit du Tarif général à l'entrée en France	8	»
Débarquement à Marseille	2	»
	307 fr.	»

Le prix de revient sera de 307 fr.; le cours dépassant rarement 300 fr. l'expéditeur sera en perte.

L'exportation de la cire dans ces conditions ne peut constituer qu'une opération de remise.

Le Caoutchouc.

Le caoutchouc du sud provient d'un arbre à feuilles de filao pouvant atteindre 10 mètres de hauteur et 2 mètres de circonférence; il n'est pas le produit d'une liane, comme le prétend si étrangement M. le Résident de Fort-Dauphin (*Journal officiel* de Madagascar, 20 janvier 1897).

L'arbre à caoutchouc (voir mon Premier Rapport, § 70, caoutchouc), ne remonte pas au-delà du 23ᵉ degré de latitude (zone de Vangaindrano).

On a tenté de l'acclimater à Mananjary; les essais ont échoué; j'ai vu des arbres qui, après trois années de soins, n'atteignent pas 0 m. 70 c. et ne donnent aucune feuille.

L'arbre à feuille en fer de lance, exploité de 1888 à 1891 dans le triangle compris entre Farafangana (un peu au nord de Vangaindrano sur la côte est), Ikongo et Mananjary, est délaissé.

Le caoutchouc sortant actuellement par Mananjary provient d'une liane. Son exportation est très irrégulière; dans certaines années l'apport est de 30,000 ou 40,000 kil. de caoutchouc, dans d'autres il est nul; cela provient de ce que les indigènes coupent les lianes et lorsqu'ils ont ainsi opéré, il faut attendre que la liane repousse, c'est-à-dire deux ou trois ans pour procéder à une nouvelle opération.

La saison du caoutchouc commence en juillet et se prolonge jusqu'en octobre; le prix d'achat est de 30 piastres les 100 livres (150 fr. les 50 kil.) ; le caoutchouc de liane ne se coagulant pas à l'air libre, comme le caoutchouc d'arbre, les indigènes opèrent la coagulation à l'aide du jus de citron ou du sel. Cette manipulation ôte à la gomme sa belle couleur rose et la fait tourner au gris; la coagulation par l'acide sulfurique (rano-mahery, eau forte), ne présente pas le même inconvénient, mais les indigènes se défient de l'acide sulfurique.

Le droit de sortie est de 6 fr. les 50 kil.

Le caoutchouc de Madagascar étant déprécié à Marseille, comme les peaux, les expéditions se sont faites jusqu'ici pour Londres par la Castle Line.

Les cours de Londres, pour le caoutchouc de Madagascar, sont de :

Belle qualité blanche, 1 s. 11 1/4 d. à 2 s. 5 d., la lb., soit de 5 fr. 38 à 6 fr. 71 le kil.

Belle qualité noire, 1 s. 3 d. à 1 s. 10 d., la lb., soit de 3 fr. 47 à 5 fr. 10 le kil.

Tête de nègre, 10 1/4 d. à 1 s. 7 3/4 d., la lb., soit de 2 fr. 87 à 4 fr. 55 le kil.

Le Riz.

Trois variétés de riz sont cultivées dans la zone côtière :

1° Le riz de marais (vary rojo), riz à gros grains, qui se plante en août, dans de l'eau boueuse, et se récolte en décembre; il est blanc (fotsy) ou rouge (mena);

2° Le riz de rivières (vary-vato), riz à gros grains, qui se plante vers la fin d'octobre et en novembre, sur le bord des rivières défrichées et se récolte en avril; il est blanc ou rouge;

3° Le riz des forêts (vary ala), le meilleur, qui se plante en août, en terres vierges, dans les abattis des forêts, et se récolte en avril; il est blanc.

La traite du riz se fait de fin avril à fin septembre, avec les Tanala (habitants des forêts); elle est particulièrement active en juin et juillet, mois de la grande traite.

Le riz est vendu par les indigènes à la vata; c'est une mesure sans fixité, variant suivant les pays et même selon les maisons; vata veut dire en réalité récipient, coffre, caisse; la vata-famarana est la caisse à mesurer.

En échange d'une vata de riz, l'acheteur donne 5 ou 6 yards de tissu.

Le riz en paille (paddy), qui s'achète dans une vata différente, vaut plus cher que le riz blanc, parce qu'il peut se conserver longtemps.

Le riz rouge, que le Malgache préfère au riz blanc, parce qu'il le trouve plus nourrissant, est cependant meilleur marché que le blanc, parce qu'il ne s'exporte pas.

Les négociants, qui achètent à la vata, revendent aux 50 kil.

Le prix des 50 kil. peut varier de 4 fr. à 10 fr. selon l'époque, selon l'abondance ou la faiblesse de la récolte, selon toutes les causes qui influent sur le prix des denrées de grande consommation.

Le même riz blanc, qui vaut en juin et juillet 4 fr., 5 fr. et 6 fr. 25, vaudra vers la fin de la traite, en septembre, 8 fr. 75 et 10 fr. les 50 kil. En janvier quand la récolte du riz de marais sera faite, les prix faibliront; mais ils remonteront en mars; le riz deviendra si cher que l'indigène pauvre, qui n'a pas su s'approvisionner à l'époque favorable, sera réduit à se nourrir des graines du viha, plante aquatique, de l'espèce des arum; fin avril les prix rebaissent.

En 1883, Mahela exportait beaucoup de riz et Mananjary peu; actuellement les expéditions se font principalement de Mananjary; on évalue le chiffre de l'exportation annuelle de 1,200,000 kil., à 1,500,000 kil.

Taxe de sortie, 1 fr. 50 les 100 kil.

Le Raphia.

La zone du raphia ne s'étend pas jusqu'à la latitude de Mananjary.

Les quelques raphia que le voyageur rencontre sur la route de Fiana-rantsoa à Mananjary, au-delà de Ranomafana, dans la vallée de la haute Namorona, ne sont que des individus isolés; le raphia sortant par Manan-jary vient du nord, de Mahéla notamment, que le raphia sagus ne dépasse pas vers le sud, et du nord-ouest par Tsiatosika.

L'exportation n'atteint pas 2,000 balles pressées de 100 kil.; ce produit se paye 20 fr. les 50 kil.

Expédié à Londres, il atteint le cours de 27 £ la tonne (flottant entre 25 £ et 28 £); c'est-à-dire à 27 £, cours de 33 fr. 50 les 50 kil., à 28 £, cours de 35 fr.; en France il est coté 35 fr., et les belles parties 40 fr. (80 fr. les 100 kil.).

J'ai écrit dans mon Premier Rapport que le droit de sortie sur le raphia est de 3 fr. 30 les 100 kil. à Tamatave, et de 2 fr. 20 les 100 kil. dans les ports du sud desservis par les paquebots étrangers.

M. le Directeur des Douanes vient de me faire observer que l'arrêté portant « Règlement sur le Service des Douanes à Madagascar », contient dans son texte imprimé par les soins de l'Administration, diverses fautes d'impression ou de copie. Au lieu de lire :

Raphia à Tamatave, les 100 kil., 3 fr. 30.

Raphia (autres ports), les 100 kil., 2 fr. 20.

Il faudrait lire et il eût fallu imprimer :

Raphia à Tamatave *et côte-est*, les 100 kil., 3 fr. 30.

Raphia *à Majunga et côte-ouest*, les 100 kil., 2 fr. 20.

On me prie de rechercher si le raphia exporté de la côte-est a toujours régulièrement payé 3 fr. 30 à la sortie, comme cette rectification y eût obligé.

Les Haricots.

La zone côtière et les plateaux produisent des quantités considérables de haricots.

Ceux des plateaux ne peuvent être exportés par suite du prix trop élevé des transports à dos d'homme.

Ne sont exportés que les haricots pouvant venir à Mananjary par voie fluviale.

L'exportation annuelle par Mananjary est estimée par les uns de 1,200,000 kil. à 1,500,000 k.; par d'autres à 3,000,000 kil.

Les haricots s'achètent à 1 piastre 50 (7 fr. 50), ou 1 p. 75 (8 fr. 75) les 50 kil., il faut les trier, le déchet est grand, et ils reviennent en réalité à 2 p. 25 (12 fr. 50 les 50 kil.).

Ils ont à supporter un droit de sortie de 3 fr. 20 les 100 kil.

Le Crin végétal.

Le crin végétal ou piassava fournit à l'exportation de Mananjary 80,000 kil. par an; il s'achète aux indigènes en fibres longues et soyeuses, de 3 p. 50 (17 fr. 50) à 4 p. (20 fr.) les 50 kil. J'ai dit, en parlant du commerce de Tamatave, que dans ce port il est acheté aux intermédiaires par les exportateurs de 22 fr. 50 au début de 1896 à 30 fr. en octobre.

Droit de sortie, 1 fr. 25 les 50 kil.

Cours à Londres, de 40 à 41 sch. le quintal (c. w. t.) de 50 kil. 800, soit 50 fr. environ les 50 kil.

Les Sacs.

Mananjary exportait il y a quelques années de 3 millions à 3 1/2 millions de sacs en rambo, qui étaient dirigés sur Maurice pour l'emballage des sucres; Maurice préfère les sacs en jute, ce qui a fait tomber l'exportation et la fabrication des sacs de joncs à 100,000 ou 150,000 sacs; ils se vendent 1 p. (5 fr.) à 1 p. 25 (6 fr. 25) le cent et payent un droit de sortie de 0 fr. 60 ou 0 fr. 62 le cent.

La Gomme copale.

La gomme copale pourrait être exploitée dans les forêts de copaliers, qui existent au nord de Mananjary; les indigènes de la côte sont trop indolents pour se livrer à ce travail, aussi la gomme copale, rare sur le marché il y a quelques années, ne fournit pas à l'exportation plus de 2,000 à 2,500 kil.; elle s'expédie souvent en caisses (de 15 kil.) ou en sacs; sa valeur première est de 75 fr. les 100 kil.; le droit de sortie qui la frappe est de 4 fr. les 100 kil.

Ce produit a une valeur très variable sur le marché de Londres; la qualité pâle valant de 80 sch. (100 fr. 80) et 4 £ 8 s. (111 fr. 1/) à 6 £ 15 s. (170 fr. 60); la qualité rouge valant de 5 £ (126 fr. 25) à 7 £ s. (183 fr. 25), le c. w. t. de 50 kil. 800 gr.

Le Café.

En 1880, la côte-est exportait pour 500,000 fr. de cafés provenant des plateaux, le Liberia n'ayant été introduit sur les côtes qu'en 1886; les régions hautes n'exportent plus un seul kilogramme de café Bourbon.

Des essais sont tentés pour reconstituer les caféièries des hauts; aucune d'elles n'offre jusqu'à présent de résultats concluants.

Les côtes n'exportent pas parce que toutes les caféièries françaises ont été saccagées par les Hovas durant la guerre de 1894-95.

Avant cette guerre, Mananjary comptait plus de 100,000 caféiers; il n'y a plus dans cette région 10,000 pieds en rapport.

Londres cote nominalement le café Madagascar verdâtre à 85 sch. et 95 sch. (de 107 fr. 10 à 117 fr. 70) les 50 kil. (ou le c. w. t.).

Le Cacao.

Les cacaoyers ont été coupés par les Hovas en 1894-95, comme les caféiers; il faut attendre au moins cinq années les résultats des plantations nouvelles. Coté nominalement à Londres de 40 sch. à 58 sch. (de 50 fr. 40 à 73 fr. 10) le c. w. t.

II

ZONE COTIÈRE

Les Marchés de l'intérieur.

Les marchés de l'intérieur, « marchés suburbains, » a-t-on dit, sont Sahavato, Sasinaka, Tsiatosika, Sarahanony, Ankaramaso.

Sahavato.

A Sahavato, le plus important des marchés suburbains, trafiquaient avec les Antanala (prononcez Antangale) trois maisons étrangères et quelques maisons françaises.

Les maisons étrangères étaient : la maison allemande Soost et Brandon, la maison anglaise Laroque et C°, la maison américaine G. Ropes et C°; comme maisons françaises à signaler G. de Sornay et A. d'Emmerez, Bonnet, de Certeaux, Colombet, Lauratet.

Pendant la traite du riz, les négociants de Sahavato achetaient 1,500,000 kilos ; en juin et juillet l'activité était extrème ; à partir de cinq heures du matin les indigènes arrivaient dans la cour des négociants avec leurs deux ballotins ; souvent 100 Antanala étaient là, attendant que leur riz soit mesuré et échangé contre des cotonnades.

Outre le riz, ces maisons achetaient :

1° 20,000 à 25,000 kil. d'une cire très prisée à cause du peu de matières étrangères qu'elle contient et par suite du faible déchet qu'elle donne au nettoyage :

2° 100,000 kil. de raphia, article nouveau ;

3° 30,000 ou 35,000 kil. de crin végétal ;

4° Quelques milliers de sacs en rambo fabriqués entre Sahavato et Sakaleo (sur la côte) ;

5° Toute la gomme copale exportée par Mananjary ;

6° Peu de peaux, pas de caoutchouc.

Le marché de Sahavato a été attaqué par la bande de Rainimanganoro dans la nuit du 18 au 19 janvier 1897. pillé et incendié par des gens des environs le 21 janvier.

L'une des maisons françaises a perdu pour 27,000 fr. de marchandises, la maison allemande pour 20,000 fr., la maison anglaise pour 10,000 fr.

Sahavato avait cet avantage sur Sasinaka que les matières premières s'y achetaient moins cher et que des marchandises européennes s'y vendaient à des prix plus élevés.

Sasinaka.

Sasinaka est l'entrepôt des Tanala (ou Antanala) indépendants du sud ; il s'y fait comme à Sahavato du riz et de la cire ; pas de raphia, pas de gomme copale, peu de peaux, peu de caoutchouc actuellement.

Le commerce de Sasinaka a trois fois moins d'importance que celui de Sahavato.

Le riz de Sasinaka est du riz blanc de forêt ; sa cire a valu 13 piastres, puis 16 p., 18 p., 20 p. ; à ces bas prix il s'en faisait, en 1893, 40,000 kil. Ce produit donne beaucoup moins aujourd'hui.

Les maisons de commerce n'ont pas à Sasinaka des sous-agences comme à Sahavato ; elles n'y ont pas d'employés à leur compte, elles n'y possèdent que des postes de traite, c'est-à-dire des clients privilégiés jouissant d'un crédit de faveur. A ces clients, elles avancent 2,000, 4,000 fr. de marchandises et ne demandent règlement en espèces ou couverture en produits du pays qu'après vente ou échange.

Ont, dans ces conditions, des postes de traite à Sasinaka : les maisons anglaises Procter Brothers, Laroque et C°, la maison allemande Soost et Brandon.

Tsiatosika.

A Tsiatosika, situé à 16 kilomètres de Mananjary, sur le fleuve Manan-jara, ancienne résidence des gouverneurs hovas du district de Mananjary, ont des sous-agences les maisons anglaises Albert Rivet, Laroque et C⁰ ; ont des postes de traite la maison américaine Ropes et C⁰, la maison anglaise Procter Brothers, la maison allemande Soost et Brandon ; elles opèrent sur le riz, la cire, les haricots rouges, accessoirement sur les cuirs et le caoutchouc ; elles livrent des cotonnades, du sel du Midi, des carails et marmites, du rhum.

Sarahanony.

Sarahanony, plus communément appelé dans le pays Safondrano (prononcez Chafoundrane), traversé par la route de Mananjary à Fianarantsoa, peut être atteint en pirogues pendant la saison des pluies ; il en descend du riz et de la cire, quelques cuirs, des haricots rouges en petite quantité ; on y essaye le café.

Ankaramaso.

À Ankaramaso, comme dans plusieurs autres villages situés sur la route de Fianarantsoa, on traite la cire.

III.

LE BETSILÉO

Le Betsiléo.

Le 27 décembre dernier, je quittais Antsirabé (Vakin-Ankaratra) vers huit heures du matin ; à onze heures, j'atteignais la pittoresque vallée du Manandona, une véritable Suisse, merveilleuse par la grandeur de son paysage, l'amoncellement des villages, l'activité des habitants ; la vallée est large, bien encadrée par des hauteurs élancées, tout à la fois rocheuses et verdoyantes ; parmi les plantations dominent le tabac, les haricots et la pomme de terre ; quelques troupeaux paissent çà et là ; toutes les pentes sont découpées en rizières, et la route pour éviter les parties basses mondées se tient à mi-flanc de côteaux. Ce dimanche de décembre, par une douce chaleur, le soleil étant voilé de nuages, je déjeunais en rase campagne, sous un gros pêcher, non loin de la case de Rainibetsimisaraka, le terrible chef de bande dont la tête a été mise à prix.

Bien loin au-delà s'étend la vallée encaissée et les régulières rizières, une merveille de culture.

Le 28, je traverse une forêt de tapia, arbre favori d'une espèce de vers à soie indigène, et, par des hauteurs de 1,440 mètres, je passe du bassin du Sahatsio, sous-affluent du Mania, au bassin du Saharevo, affluent du Mania. Toutes les terres basses sont couvertes de rizières : je vois les bœufs préparant le repiquage ; les cochons sont gros et innombrables.

J'atteins Ambositra, le 29 ; pour entrer en ville, il faut traverser un bois de rosiers en fleurs ; dans cette partie nord du Betsiléo on a tenté la culture de la vigne et du café.

Au-delà d'Ambositra, vers le sud, terres d'élevage. La route est sillonnée de nombreux bourjanes portant du sel et des toiles, du tabac et des peaux.

Les cochons deviennent de plus en plus nombreux ; vers le soir je traverse des rizières, des champs de maïs et de haricots.

Le 31 au matin, je croise un convoi de cinquante porteurs de cotonnades ; le paysage demeure magnifique ; dans les champs, dominent avec le riz, le maïs, les haricots et le chanvre.

Je déjeune à Ambohimasoa, qui est un des plus coquets villages de l'île et, pendant toute la journée, je traverse des collines cultivées jusqu'à la descente vers Alakamisy.

Alakamisy est un gros marché et un bourg coquet à la jonction des routes de Tananarive et de Mananjary à Fianarantsoa.

Pendant la matinée du 1er janvier 1897, je franchis les vingt-huit kilomètres qui me séparent de Fianarantsoa ; la campagne est encore plus verdoyante, s'il se peut, que partout ailleurs, et des fermes betsiléo s'élèvent de toutes parts. La circulation est active, la population sympathique ; en croisant le Vazaha, le Betsiléo se découvre respectueusement ; il connaît au moins ces deux mots français dont il aime à faire montre pour traduire son sentiment : « Bonjour, Monsieur. »

Fianarantsoa.

De toutes les villes du Betsiléo, Fianarantsoa est la plus importante ; les Hovas l'appelaient leur seconde capitale.

Grâce à la politique qui a prévalu, les Hovas ont été rappelés des proinces conquises et Fianarantsoa est devenue la petite capitale de la province autonome des Betsiléo ; on lui attribue 6,000 habitants.

Outre le marché permanent de la Grande-Rue, deux marchés suburbains se tiennent chaque semaine : l'un, le mercredi, à environ 20 minutes au sud de la ville ; l'autre, le vendredi, au bas de la colline sur laquelle la ville est assise.

Le marché du mercredi est peu important ; il ne s'y vend guère que des denrées à l'usage des indigènes.

Le marché du vendredi est plus fréquenté et mieux pourvu. On y trouve, outre des volailles (poulets, canards, dindes, oies), de la viande (bœuf, porc, mouton), quelques légumes (herbes, haricots, pommes de terre), du riz, des fruits, des cotonnades européennes, des rabannes indigènes et des blouses de borizano, des soubiques et des nattes, du coton, des cocons et de la soie. de la cire et du miel, des planches, des angady (bêches).

Ce que le Betsiléo achète.

Les maisons de commerce ayant des agences à Fianarantsoa sont : la maison américaine G. Ropes et Cᵒ (représentée par un algérien français) ; les maisons anglaises Procter Brothers, Laroque et Cᵉ, Trouchet et Cᵒ.

Sur les treize maisons européennes patentées à Fianarantsoa et Ambalavao, quatre sont françaises.

Ces maisons vendent aux Betsiléo des cotonnades, du sel, des comestibles et des liquides.

Comme marques de cotonnades, j'ai remarqué, tant sur les deux marchés suburbains que sur le marché quotidien et dans les boutiques avoisinantes :

1° En qualités américaines le Cabot, le Buckhead, le Blackhawk, le Massachussetts C, le J.-J.-P. King, en assez fortes quantités le Napoléon Heavy Sheeting ;

2ᵉ En qualités anglaises le Procter's Mills A. l'Alakinta Heavy, le Goose Mills Shirting, le Grey Domestic W. (de O'Swald et Cⁱ).

Les boutiques dans la Grande-Rue de Fianarantsoa.

J'ai antérieurement parlé de ces tissus, donné le prix de revient et le prix de revente des principaux Depuis que le prix des porteurs entre la côte et Tananarive est monté au taux que j'ai indiqué, le rayon de vente de Tananarive s'est réduit et le rayon de vente du Betsiléo s'est étendu. Le sel en faveur est le sel du Midi. Au moment de mon passage, les conserves, les denrées d'épicerie et les liquides manquaient sur place ; je n'ai pu me procurer ni vin blanc, ni cognac, ni poivre, ni plusieurs autres denrées des plus indipensables.

Ce que le Betsiléo vend.

Le Betsiléo exporte peu. Il en vient des peaux de bœufs qu'exporte Mananjary.

Une maison française y tente l'industrie des salaisons de porcs.

La cire ne peut servir qu'aux remises.

Le café ne donne encore que des espérances ; la vigne et le tabac rapporteront peut-être.

M. Besson, résident de France, a fait, outre un très joli parc, de vastes plantations autour de la Résidence ; il a pu récolter des légumes et des fruits très bien venus, notamment des fraises excellentes.

Avenir du Betsiléo.

Possédant des mines variées, doté de quelques bonnes terres propres à l'élevage et à la culture, le Betsiléo pourra devenir une province riche le jour où les mines seront exploitées, où les indigènes sauront élever et cultiver, où ils pourront exporter.

Là, comme dans toute l'île, les bras manqueront pour l'exploitation ; là comme dans toute l'île, il faudra créer rapidement des voies de communication économiques ; là, comme dans toute l'île, il faudra apprendre au Malgache à tirer de la terre ce qu'elle peut produire par des procédés rationnels ; là comme dans toute l'île il faudra créer un domaine de colonisation.

Notre Administration se résoudra-t-elle à tenter la solution de ces difficiles problèmes ?

Elle y songe probablement depuis dix-huit mois, puisque depuis dix-huit mois déjà nous sommes les maîtres du pays.

Conclusion.

Après avoir parcouru les provinces centrales de Madagascar et visité une partie du sud-est de l'île, je relis les conclusions que j'ai formulées dans mon rapport du 26 octobre 1896.

Ces conclusions sont justes, je les maintiens.

Tamatave, 4 mars 1897.

NOTES ANNEXES

L'expérience des choses coloniales et des besoins de la colonisation, un esprit éminemment pratique, une indépendance absolue vis-à-vis des influences financières, l'impérieuse volonté de faire quelque chose à Madagascar et de bien faire, ont conduit le général Gallieni vers une politique qu'on ne saurait trop louer.

En prenant possession des fonctions de résident général, en septembre 1896, il indiquait dans sa lettre aux colons, en des termes aussi sincères que nets, quelle serait sa ligne de conduite :

« Dans tous les commandements coloniaux que j'ai eu l'honneur d'exercer, j'ai toujours considéré comme le premier de mes devoirs de fournir mon concours le plus complet à nos compatriotes, estimant que les colonies sont faites pour les colons français, n'ignorant pas les risques auxquels ils s'exposent en s'expatriant et en aventurant au loin leurs personnes et leurs fortunes et applaudissant de grand cœur à tous les succès qu'ils peuvent obtenir.

« J'ai toujours posé en principe cette vérité, et je me suis efforcé de la faire admettre par mes subordonnés, à savoir que la réussite d'un colon français exerçait la plus heureuse des influences, la plus essentielle de toutes, au point de vue de la colonisation française; car la nouvelle, avec les multiples moyens que nous possédons aujourd'hui, s'en répandait en France et déterminait aussitôt plusieurs de nos compatriotes à venir tenter à leur tour la fortune au loin, en apportant dans ces nouvelles terres françaises le concours de leur intelligence et de leurs capitaux.

« Je compte ici rester fidèle à ce principe... »

Plus loin, il ajoutait :

« ..... Des recommandations sont faites à tous les services intérieurs pour que les nombreuses affaires en suspens, telles que concessions de terrains, de mines, exécution de travaux, soient étudiées et résolues le plus rapidement possible.... »

Il terminait en priant les colons de lui transmettre individuellement les vœux qu'ils auraient à exprimer dans l'intérêt du commerce et de la colonisation.

Les colons se mirent en rapport avec le nouveau chef de la colonie; les avis qu'ils donnèrent parurent au Résident-Général si judicieux et si utiles qu'il résolut de consulter tous les colons français en les groupant.

Le 7 novembre 1896, il créait des Chambres consultatives françaises à Tananarive et dans chaque chef-lieu de résidence « pour mettre à profit l'expérience des colons et pour permettre d'éclairer l'Administration sur les besoins du commerce, de l'agriculture, des entreprises minières et en général de la colonisation. »

Le bureau de chaque Chambre sera appelé à donner son avis ou des renseignements :

1º Sur les faits d'ordre commercial, agricole et industriel intéressant la province ;

2º Sur les moyens d'encourager et de développer la colonisation ;

3º Sur les améliorations à introduire dans toutes les branches de la législation commerciale, y compris les tarifs des douanes et octrois;

4º Sur l'exécution des travaux et l'organisation des services publics, qui peuvent intéresser le commerce et l'industrie de la colonie, tels que les travaux des ports, la navigation des fleuves, des rivières, les postes, les chemins de fer, les transports à dos d'hommes;

5º Sur les projets de règlements locaux en matière de commerce et d'industrie.

Le général Gallieni fait tous ses efforts pour que sa volonté soit exécutée par ses subordonnés.

Dans sa note-circulaire du 15 octobre aux Résidents, Commandants de Cercles, de secteurs et chefs de postes, il écrivait :

« Le premier devoir des Résidents et Commandants de cercles est d'encourager par tous les moyens possibles les entreprises agricoles, industrielles ou minières, des colons européens établis dans les régions placées sous leur commandement; ils devront leur faciliter leurs travaux... »

La création des Chambres consultatives, les instructions adressées aux Résidents et aux Commandants de cercles suffisent à caractériser la politique du général, qui, dans toutes ses décisions, s'inspire des mêmes principes.

On peut regretter que l'Administration ait avant la complète pacification du pays et la reprise ferme des transactions, frappé le commerce de droits divers, dont le plus lourd est l'impôt des patentes.

Je dois reconnaître qu'on ne saurait rendre le général Gallieni responsable de ces fautes. C'est M. Laroche qui, au mois de juillet et au mois d'août 1896, a proposé au Ministère des Colonies la création de patentes, comme en juin et juillet il avait proposé l'établissement d'une forte taxe sur les produits à base d'alcool.

Le budget ordinaire était déjà en déficit à la fin du 1er semestre de 1896 ; ce ne sont pas les 100,000 fr. que devaient rapporter les patentes, selon les estimations officielles, qui pouvaient rétablir l'équilibre.

D'ailleurs il faut qu'on se persuade en France que Madagascar ne peut pas se suffire au point de vue financier, quels que soient les expédients qui seront employés.

Pour outiller un pays neuf, il faut de l'argent ; le boni de l'emprunt — moins de 10 millions malgré les apparences — n'ouvrira pas l'ère des grands travaux.

Le général Gallieni se rend compte des difficultés de la situation, et je ne serais pas étonné s'il pensait que les difficultés de la colonisation sans argent sont autrement alarmantes que les difficultés de la pacification sans hommes.

Je n'insisterai pas sur ces questions graves ; je constate que le général Gallieni a su gagner la confiance des colons et il la mérite.

Les mesures qui ont marqué son arrivée à la Résidence générale ont été heureuses. Je ne dis pas cela parce que la politique que suit le général est celle que j'ai toujours préconisée, celle que M. de Mahy et moi avons été bien longtemps seuls à défendre et à réclamer, mais grâce au général, notre politique a fait ses preuves et est devenue celle de la France ; l'hégémonie hova a été brisée, la reine de Madagascar n'est plus que reine de l'Imerina, les peuples opprimés ont été affranchis, les provinces soumises sont devenues des provinces autonomes ; nous sommes à Madagascar seuls maîtres et chez nous.

Le général Gallieni, j'en ai l'assurance, réserve à l'industrie française, lorsqu'elle pourra porter ses produits à Madagascar, une sollicitude égale à celle qu'il a témoignée aux colons français ; il considère « comme son premier devoir de fournir le concours le plus complet à ses compatriotes. »

Taxes de Consommation ou d'Octroi de Mer.

Un décret, signé à Paris, le 7 mars 1897, établit un octroi de mer ou taxe de consommation, sur diverses marchandises, *de toute origine et de toute provenance.*

Seront frappés :

1° Les vins ordinaires titrant 12 degrés ou au-dessous, en fûts, de 5 fr. l'hectolitre; en bouteilles ou litre, de 0 fr. 05 la bouteille ou le litre;

2° Les vins ordinaires titrant plus de 12 degrés et les vins de liqueurs, en fûts, de 15 fr. l'hectolitre; en bouteille ou litre, de 0 fr. 15;

3° Les vins de champagne et vins mousseux, en bouteille, de 0 fr. 50; en demi-bouteille, de 0 fr. 25;

4° Les rhums, eaux-de-vie, absinthe et autres boissons alcooliques ou alcools, comme les vins mouillés, les vins de raisins secs et tous vins non naturels, de 120 fr. par hectolitre d'alcool pur;

5° Les liqueurs, en fûts, de 30 fr. l'hectolitre; en bouteilles, de 0 fr. 50 la bouteille;

6° Les bières, en fûts, de 5 fr. l'hectolitre; en bouteilles, de 0 fr. 10 la bouteille;

7° Les cidres et poirés, de 0 fr. 10 par bouteille;

8° Les huiles de pétrole, de schiste et autres huiles minérales propres à l'éclairage, de 0 fr. 10 le kilog. net;

9° La poudre à feu, de 1 fr. le kilog.;

10° Les pétards et artifices, de 1 fr. le kilog.;

11° Les tabacs, en feuilles ou en côtes, de 1 fr. le kilog. net; en cigares et cigarettes, de 5 fr. le kilog. net, sous autre forme, de 2 fr. le kilog. net;

12° L'opium, de 10 fr. le kilog.;

13° Les allumettes, de 3 fr. le kilog. net;

14° Les cartes à jouer, de 0 fr. 20 par jeu;

15° Les tissus de toutes sortes, de 3 0/0 *ad valorem.*

La liquidation de ces taxes sera effectuée par le service des douanes et par tous autres agents que le Résident général croira devoir désigner.

Un arrêté du 29 mars, pris en exécution du cablogramme ministériel du 10 mars, a rendu le décret du 7 mars applicable dans tout Madagascar; les taxes de consommation en vigueur à Diégo-Suarez, Nossi-Bé et Sainte-Marie sont abrogées et remplacées par le tarif annexé au décret.

Toutes les marchandises taxées ne pourront être importées directement que par les ports où il existe un receveur des douanes françaises.

Une note publiée au *Journal Officiel* de Madagascar, le 7 avril, a fait connaître que le service des douanes à Madagascar compte actuellement dix bureaux dirigés par des receveurs et sept postes ayant chacun à leur tête un sous-officier ou un préposé.

Les bureaux dirigés par un receveur sont ceux de Diégo-Suarez, Vohémar, Sainte-Marie, Tamatave, Vatomandry, Mananjary, Fort-Dauphin, Nosy-Vé, Marovoay, Nossi-Bé (le receveur de Majunga vient d'être rapatrié).

Les contraventions relevées pour fausses déclarations dans la valeur, la quantité ou la qualité, seront constatées et poursuivies, conformément à la législation douanière.

Le décret du 7 mars 1897 ne dit pas si la taxe de 3 0/0 sur les tissus portera sur la valeur de facture ou sur la valeur de facture augmentée des frais de transport jusqu'au port ou à quai.

L'arrêté du 29 mars ne dit pas si la taxe municipale de 1 0/0, perçue à Tamatave, sera abrogée, comme les taxes antérieurement perçues à Diégo-Suarez, Nossi-Bé et Sainte-Marie.

La Chambre de Commerce de Rouen a reçu de la Chambre de Commerce de Bordeaux la lettre suivante, au sujet d'un passage contenu dans le premier rapport de M. Mager, intitulé « Tamatave » :

« Bordeaux, le 10 Juin 1897.

« Monsieur le Président et cher Collègue,

« ..... Sans nier l'intérêt que peut présenter ce document dans son ensemble, je ne dois pas vous laisser ignorer que la Chambre de Commerce de Bordeaux a été péniblement impressionnée en lisant l'interprétation que M. Mager a cru devoir donner aux explications qui ont pu, lors de sa venue à Bordeaux, être échangées avec lui concernant l'exportation des vins de notre région et la nature des débouchés que peut lui offrir la colonie.

« M. Mager dit dans son ouvrage, page 106, à l'article intitulé « Bordeaux et Bourgogne, » paragraphe 5 :

« La Chambre de Commerce de Bordeaux prétend, il est vrai, que le « développement du commerce des vins ne saurait l'intéresser ! »

« Nous ne saurions, Monsieur le Président et cher Collègue, protester assez énergiquement contre cette allégation, qui dénature complètement nos intentions et nous prête une attitude si contraire à notre rôle et aux constants efforts de notre Compagnie, en vue d'aider au développement du produit régional qui est le principal élément de la fortune et de la prospérité de Bordeaux.

« Veuillez agréer, etc. »

Tamatave, 4 Mars 1897.

Ma tâche n'est pas achevée, mais mon voyage s'achève.

Je me proposais de visiter, — outre Tamatave, l'Imerina, le Vakin-Ankaratra et le Betsiléo, — tous les ports de la côte-est et tous les port de la côte-ouest de Madagascar.

J'ai vu Tamatave, l'Imerina, le Vakin-Ankaratra, le Betsiléo : je dois m'arrêter.

J'avais estimé que les frais de mon voyage — sept mille kilomètres à travers Madagascar — s'élèveraient de 20,000 à 30,000 fr., et j'avais pris mes dispositions pour réunir au moins 20,000 fr.

Les Chambres de Commerce m'ont remis la subvention qu'elles m'avaient promise : le Ministère des Colonies a pensé n'être pas lié par les promesses d'un précédent Ministre et avoir témoigné suffisamment sa bienveillance à ma mission en me remettant 2,000 fr

Dans ces conditions, après avoir contribué personnellement pour 17,000 fr. à mes frais de voyage et de vie, je rentre en France.

HENRI MAGER

Carte de Madagascar.

La carte de Madagascar, qui accompagne ce volume, est la plus exacte et la plus complète de toutes les cartes publiées à ce jour.

Elle a été dressée par M. Henri Mager, au retour de son premier voyage d'étude à Madagascar (1894).

ROUEN. — ANC. IMP. LAPIERRE, RUE ST-ÉTIENNE-DES-TONNELIERS, 1.

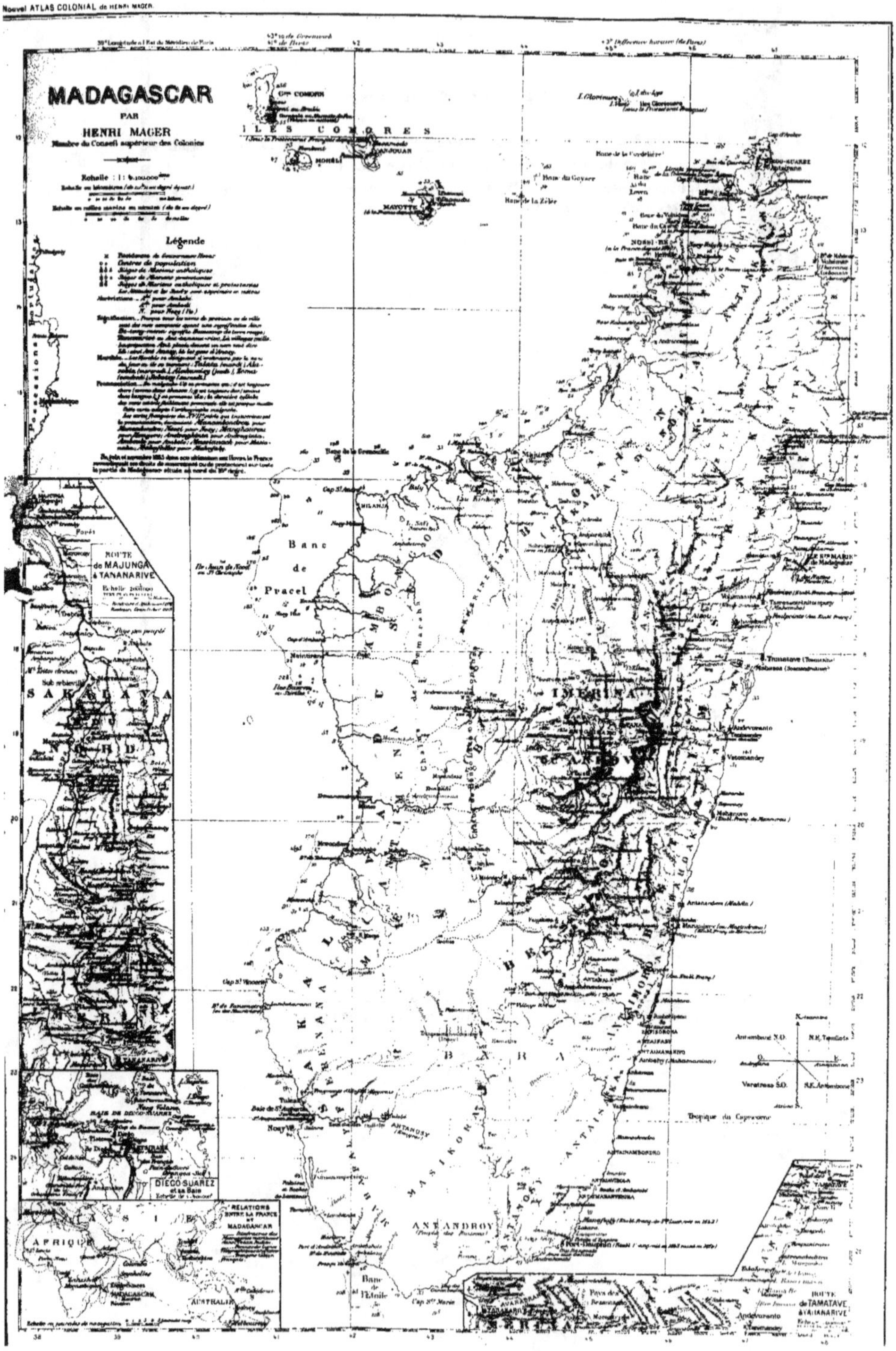

MADAGASCAR

PAR

HENRI MAGER

Membre du Conseil supérieur des Colonies

Echelle : 1: 4.500.000

Légende

ROUTE
de MAJUNGA
à TANANARIVE

RELATIONS
ENTRE LA FRANCE
et
MADAGASCAR

ROUTE
de TAMATAVE
à TANANARIVE

ÎLES COMORES

MAYOTTE

DIEGO-SUAREZ